A inteligência espiritual e a catequese

Dados Internacionais de Catalogação na Publicação (CIP)
(Câmara Brasileira do Livro, SP, Brasil)

Adrover, Eugeni Rodríguez
　A inteligência espiritual e a catequese / Eugeni Rodríguez Adrover ; tradução de Carolina Caires Coelho ; revisão da tradução de Gentil Avelino Titton. – 1. ed. – Petrópolis, RJ : Editora Vozes, 2021.

　Título original: La inteligencia espiritual y la catequesis
　Bibliografia
　ISBN 978-65-5713-006-3

　1. Catequese 2. Cristianismo 3. Educação 4. Inteligência espiritual 5. Metodologia 6. Religião cristã I. Titton, Gentil Avelino. III. Título.

21-54185　　　　　　　　　　　　　　　　　　　　　　　　　　　CDD-291.4

Índices para catálogo sistemático:
1. Inteligência espiritual : Espiritualidade : Religião   291.4

Maria Alice Ferreira — Bibliotecária — CRB-8/7964

Eugeni Rodríguez Adrover

A inteligência espiritual e a catequese

Tradução de
Carolina Caires Coelho

Revisão da tradução de
Gentil Avelino Titton

Petrópolis

© 2021, Editora Vozes Ltda.
Rua Frei Luís, 100
25689-900 Petrópolis, RJ
www.vozes.com.br
Brasil

Todos os direitos reservados. Nenhuma parte desta obra poderá ser reproduzida ou transmitida por qualquer forma e/ou quaisquer meios (eletrônico ou mecânico, incluindo fotocópia e gravação) ou arquivada em qualquer sistema ou banco de dados sem permissão escrita da editora.

CONSELHO EDITORIAL

Diretor
Gilberto Gonçalves Garcia

Editores
Aline dos Santos Carneiro
Edrian Josué Pasini
Marilac Loraine Oleniki
Welder Lancieri Marchini

Conselheiros
Francisco Morás
Ludovico Garmus
Teobaldo Heidemann
Volney J. Berkenbrock

Secretário executivo
João Batista Kreuch

Diagramação: Victor Mauricio Bello
Revisão gráfica: Alessandra Karl
Capa: Ygor Moretti

ISBN 978-65-571-3006-3

Editado conforme o novo acordo ortográfico.

Este livro foi composto e impresso pela Editora Vozes Ltda.

SUMÁRIO

Apresentação: A catequese e a inteligência espiritual, 7

Abreviaturas e siglas, 9

Introdução: A inteligência espiritual: conceitos e orientações gerais, 11

CAPÍTULO 1: A INTELIGÊNCIA ESPIRITUAL, 17
1. A teoria das inteligências múltiplas, 17
2. O que é a inteligência espiritual (IES)?, 21
3. Que faculdades a inteligência espiritual proporciona?, 22
4. Que bens o cultivo da inteligência espiritual produz?, 24
5. Que deterioração a pessoa sofre se a inteligência espiritual não for cultivada?, 26
6. Por que é necessário educar na inteligência espiritual?, 28

CAPÍTULO 2: CHAVES METODOLÓGICAS PARA A EDUCAÇÃO DA INTELIGÊNCIA ESPIRITUAL, 31
1. Personalizar e acompanhar a fé, 31
2. A necessidade de experiências espirituais, 32
3. A iniciação à experiência do espírito, 33
4. A experiência de encontro com Deus, 35
5. A necessidade de uma nova linguagem, 40
6. Alguns desafios nos processos educacionais da inteligência espiritual, 43

CAPÍTULO 3: PROJETO DE INICIAÇÃO À INTELIGÊNCIA ESPIRITUAL NA CATEQUESE, 49
1. Projeto de iniciação à inteligência espiritual na catequese, 49
2. Linhas de base do processo de fé, 50
3. Etapas da educação na inteligência espiritual, 50
4. Considerações às etapas do processo de iniciação, 51

5. Etapas do desenvolvimento espiritual na pessoa, 52
6. Problemas atuais na educação, 53

CAPÍTULO 4: ETAPAS DO PROCESSO DE INICIAÇÃO À INTELIGÊNCIA ESPIRITUAL NA CATEQUESE, 55

1. Primeira etapa: A educação da espiritualidade na catequese, 55
2. Segunda etapa: A educação da transcendência na catequese, 63
3. Terceira etapa: A educação da religiosidade na catequese, 67
4. Quarta etapa: A educação para a religião cristã na catequese, 73

Conclusão: Trabalhar num processo pré-catecumenal de fé, 89

Referências, 91

APRESENTAÇÃO

A CATEQUESE E A INTELIGÊNCIA ESPIRITUAL

Lembramos com gratidão nossos brilhantes professores, mas com gratidão aqueles que tocaram nossos sentimentos.

Neste trabalho, apresentamos a contribuição que a inteligência espiritual (IES) pode dar à pastoral e à catequese atual. Hoje, educadores, catequistas ou agentes pastorais percebem que não se pode trabalhar num processo de iniciação cristã se não tiver sido dado um passo anterior. A etapa anterior consiste num primeiro anúncio que facilita o despertar religioso, isto é, estabelecer uma base psicológica, filosófica e antropológica para que a criança, adolescente ou adulto esteja preparado para começar a iniciação cristã em condições adequadas.

Os responsáveis pela catequese, os próprios catequistas e padres reclamam que as crianças que se dispõem a receber os sacramentos da Igreja não estão bem preparadas para recebê-los. Isso é lógico! A transmissão da fé ou do sentimento religioso-espiritual, que antigamente os pais e avós ensinavam, hoje não existe.

Em tempos anteriores aos nossos, os pais ajudavam os mais pequenos da casa a descobrir a nova vida que Deus semeou no coração das crianças quando recebem o batismo, mas hoje parece que este elo da transmissão da fé se perdeu. Sabemos que as crianças aprendem por observação e imitação; esse outro elo da transmissão parece que despareceu.

DESPERTAR A SENSIBILIDADE ESPIRITUAL DAS CRIANÇAS

Hoje, mais do que nunca, é necessário despertar a sensibilidade espiritual das crianças. Elas são a voz que representa Deus Pai. Ele quer que os pequeninos da casa o conheçam, o amem e confiem nele como Pai.

> *Deixem vir a mim as criancinhas, e não as impeçam, porque o reino de Deus pertence àqueles que são como elas. Garanto-lhes que aquele que não aceitar o reino de Deus como uma criança não entrará nele (Mc 10,14-15).*

É necessário despertar o sentido espiritual nas crianças através de uma iniciação à narrativa, à oração, à liturgia, aos símbolos religiosos etc. Para isso a tarefa educativa dos pais consiste em despertar nos filhos o desejo de renovação pessoal e de conhecimento das verdades da fé cristã. Transmitir a Vida de Deus é uma tarefa da própria família, transmitir a Nova Vida do Evangelho é uma tarefa da comunidade cristã; mas, ao descobrir essa insuficiência, propõe-se nesta obra uma iniciação das crianças à espiritualidade.

Atualmente os processos de iniciação cristã fracassam, ou seja, eles não despertam a experiência espiritual do homem, os processos de fé são construídos em uma terra despreparada, não adubada, como se construíssemos um edifício sem contar com os alicerces. Recordando o Evangelho de São Mateus, podemos fazer uma analogia com a parábola dos alicerces, conhecida como a casa construída sobre a areia ou sobre a rocha.

Etapas anteriores à Iniciação Cristã

A proposta do livro é refletir sobre a iniciação à educação da inteligência espiritual cristã nos processos anteriores à iniciação cristã. Em outras palavras, um processo "pré--catecumenal". Este projeto não consiste em substituir a iniciação cristã, muito menos em eliminar os processos catequéticos. A intenção é propor algumas etapas anteriores para a formação espiritual, transcendente e religiosa da pessoa e, neste caso, das crianças:

- No **primeiro capítulo** expõe-se a questão da inteligência espiritual como uma proposta para trabalhar num processo "pré-catecumenal". Definimos o que é a inteligência espiritual, seus conteúdos, benefícios e potencialidades no âmbito da pessoa.

- No **segundo capítulo** são apresentadas algumas chaves catequéticas para trabalhar metodologicamente a inteligência espiritual num processo de iniciação.

- No **terceiro capítulo** propõe-se responder à pergunta: Como trabalhar a inteligência espiritual? O conteúdo deste capítulo pode ser resumido no precioso convite que o livro dos Provérbios nos faz (22,6): "Ensine seu filho e trabalhe com ele".

- No **quarto capítulo** são projetadas as bases, objetivos e chaves para enfrentar um processo de iniciação à experiência espiritual em **quatro etapas: uma etapa espiritual, uma etapa transcendente, uma etapa religiosa e uma etapa cristã**.

Esses quatro capítulos têm como base estrutural cinco categorias gerais da espiritualidade: a sabedoria, a admiração, o encontro entre o tu e o eu, o questionamento e a visão do invisível. Essas categorias são os estilos ou canais naturais através dos quais nosso novo desafio na pastoral catequética será executado: a inteligência espiritual.

ABREVIATURAS

ERE – Ensino da religião na escola
IE – Inteligência emocional
IES – Inteligência espiritual
IM – Inteligências múltiplas
IR – Inteligência racional
IS – Inteligência social

SIGLAS

CC – *A catequese da comunidade. Orientações pastorais para a catequese na Espanha, hoje* (Comissão Episcopal de Ensino e Catequese, Conferência Episcopal Espanhola, 1983).

CF – O catequista e sua formação (Comissão Episcopal de Ensino e Catequese, 1985).

CT – *Catechesi Tradendae* (Exortação Apostólica sobre a catequese do nosso tempo, João Paulo II, 1979).

DGC – Diretório Geral para a Catequese (Sagrada Congregação para o Clero, 1997.

EG – *Evangelii Gaudium* (Exortação Apostólica sobre o anúncio do Evangelho no mundo atual, Papa Francisco, 2013).

EN – *Evangelii Nuntiandi* (Exortação Apostólica acerca de evangelização no mundo, Paulo VI, 1976).

GS – *Gaudium et Spes* (Constituição pastoral sobre a Igreja no mundo de hoje, 1965).

LG – *Lumen Gentium* (Constituição Dogmática sobre a Igreja).

MS – *Musicam Sacram* (Instrução sobre a música na Liturgia Sagrada, 1967).

OGMR – Ordenação Geral do Missal Romano.

SC – *Sacrosanctum Concilium* (Constituição sobre a Sagrada Liturgia, 1963).

INTRODUÇÃO

A INTELIGÊNCIA ESPIRITUAL: CONCEITOS E ORIENTAÇÕES GERAIS

1 DEFINIÇÃO DE ALGUNS CONCEITOS-CHAVE

A espiritualidade, a mística e a religião têm sido apresentadas como conceitos intimamente ligados ao longo dos séculos. Nesse sentido, não podemos unir conceitos que têm significados diferentes e, por isso, é importante definir e esclarecer conceitos. Para tanto, devemos distinguir entre o espiritual, o religioso, o místico e a inteligência.

O espiritual se concentra em objetivos orientados a transcender o material, a alcançar os objetivos e valores finais, a encontrar um sentido para a vida. O objetivo da inteligência espiritual (IES) é alcançar a felicidade do ser humano.

Por sua vez, a religião é a expressão, através dos sinais, ritos, orações e celebrações, do resultado de um relacionamento particular com Deus, que se manifesta ao longo da vida. É importante ter em mente que o religioso é uma expressão da experiência espiritual, embora nem toda experiência espiritual seja expressada religiosamente. Por outro lado, a inteligência significa a capacidade cerebral através da qual conseguimos penetrar na compreensão das coisas, escolhendo o melhor caminho.

1 A espiritualidade

- O termo "espiritualidade", no âmbito teológico, é apresentado "como sinônimo de viver sob a ação do Espírito" (GAMARRA MAYOR, 1999: 821). Hoje em dia, não podemos mais falar de dualismos ou dissociações entre corpo e alma, matéria e espírito. Devemos considerar o ser humano como um ser unitário. Isso não significa simplicidade, mas antes complexidade. Porque, embora sejamos seres unitários, também somos complexos: uma unidade inseparável com múltiplas dimensões ou facetas.
- Hans Urs von Balthasar (1965: 7-8) descreve a espiritualidade como "a atitude básica, prática ou existencial, característica do homem, e que é consequência e expressão de uma visão religiosa – ou, de uma maneira mais geral, ética – da existência".

- Num nível antropológico, fala-se em espiritualidade como uma das dimensões, a que trazemos no mais íntimo de nós, a dimensão mais profunda, que não é detectável aos olhos. Assemelha-se à identidade do "eu psicológico", que unifica todas as dimensões, experiências, ideias, conhecimentos, sentimentos ou afeições. Semelhante ao "eu-único" profundo que possui os elementos que nos tornam seres incomparáveis e valiosos; esse "eu-conectado" com alguém superior que nos apoia e nos guia; esse "eu-para-o-mundo" que está conectado aos outros, ao mundo, e que sempre anseia por um horizonte e referência para além de si.
- A "espiritualidade" é aquela dimensão profunda do ser humano, que transcende as dimensões mais superficiais e constitui o coração de uma vida humana com sentido, com paixão, com veneração da realidade e da Realidade: com Espírito.

2 A religião

- Etimologicamente a palavra "religião" vem do latim *religare* ou *re-legere* e significa ter em mente, amarrar firmemente. Ao longo dos séculos, o significado da palavra tem sido motivo de controvérsia entre os especialistas. O que é verdade é que a religião é uma atividade que geralmente engloba crenças e práticas sobre questões existenciais, éticas, morais e sobrenaturais.
- "A religião é a adaptação sociocultural da disposição humana em relação ao absoluto, ao transcendente, que em cada tempo e espaço dá totalidade e sentido à sua existência" (ESCUELAS CATÓLICAS DE MADRID, 2008: 22-28, 46).
- O Papa Paulo VI teve definições muito sugestivas do conceito de religião: a religião abre os céus diante de nós; a religião descobre abismos entre nós; a religião dilata nosso pensamento para além da substância compacta de nossa experiência cotidiana (DÍEZ CUESTA, 2004: 57).

3 A mística

- A palavra "mística" vem da raiz mistério, do não conhecível, aquilo que o homem, por seu próprio conhecimento, não pode chegar a descobrir; do verbo grego *myéin* que significa *fechar/encerrar*. A palavra *místico* provém também do grego *mystikós* e significa *o fechado, o arcano* e *o misterioso*; ou seja, designa um tipo de experiência muito difícil de alcançar, como uma união entre a alma humana e o sagrado.
- Uma das possíveis definições de mística poderia ser "a capacidade de ser movido pelo mistério das coisas. Não é apenas pensar as coisas, mas senti-las tão profundamente que conseguimos perceber o mistério fascinante que as habita" (ESCUELAS CATÓLICAS DE MADRID, 2008: 46).

- A autora espiritual Evelyn Underhill escreveu: "Não se pode dizer que existe um 'sentido místico' isolado que algumas pessoas têm e outras não, mas toda alma humana tem uma certa capacidade latente para Deus, e em algumas pessoas essa capacidade é realizada com uma riqueza espantosa".

4 A inteligência

- A palavra "inteligência" tem origem na união de duas palavras latinas: *inter* = entre e *eligere* = escolher. Em seu sentido mais amplo, significa a capacidade de discernir, separar ou escolher entre uma coisa ou outra; a capacidade de aprender ou compreender, uma vez que a inteligência nos permite coletar através da memória as experiências do passado.
- A inteligência costuma ser sinônimo de intelecto ou entendimento, mas difere deste por insistir nas habilidades e aptidões para lidar com situações concretas e se beneficiar da experiência sensorial. Toda pessoa tem o poder de direcionar sua vida e a capacidade de impedir que outras pessoas a dirijam. Portanto, a inteligência cumpre a função adaptativa de viver e sobreviver e ser capaz de se criar a si mesma.

5 A inteligência espiritual

- As últimas descobertas neurobiológicas nos sugerem que existem três níveis de inteligência no ser humano; estes deveriam ser desenvolvidos para que a pessoa se realize e possa viver plenamente. Esses níveis de inteligência são:
    - **A inteligência racional ou operacional (IR),** que consiste na capacidade de raciocinar passo a passo e tomar decisões com base nas informações que vamos recebendo. Essa inteligência nos permite reter dados, processar informações e resolver situações práticas.
    - **A inteligência emocional (IE)** é a capacidade de reconhecer os próprios sentimentos e os dos outros, e a capacidade de lidar com eles. Essa inteligência está organizada em cinco capacidades: conhecer as emoções e sentimentos próprios, administrá-los, reconhecê-los, criar a própria motivação e gerenciar os relacionamentos.
    - **A inteligência espiritual (IES)** é aquela com a qual enfrentamos e resolvemos problemas de significados e valores. Essa habilidade permite ao ser humano responder à pergunta: Quem sou eu? Também permite que a pessoa encontre o sentido mais profundo da vida e permaneça alinhada com os princípios espirituais.
    - A IES é a base necessária para o funcionamento eficaz, tanto da inteligência racional (IR) quanto da inteligência emocional (IE). É a nossa inteligência primordial. A IES é a inteligência que ilumina e dá plenitude de sentido, força e orientação à inteligência racional e emocional.

- Quando nascemos, o cérebro está praticamente vazio e temos que aprender tudo. O Professor W. Dyer (2011: 58) o define graficamente: "Antes de nascermos, não podíamos fazer nada. De alguma forma, a origem do nosso ser, em sua infinita sabedoria, faria tudo. Nós e nossa mãe biológica permitimos que Deus tecesse nosso ser, numa jornada que durou nove meses. Não pedimos olhos azuis, verdes ou castanhos, não precisamos nos preocupar com as unhas ou se nossos dedos dos pés cresceriam; tudo foi dado e nós, única e exclusivamente, tivemos que aceitar. Nós fomos formados com perfeição. A energia responsável por nossa existência sabia exatamente o que fazer e quando fazê-lo. Este é o nosso autêntico eu".

- E Acarín o descreve de uma maneira simples: "Nascemos com a possibilidade de adquirir memória, lembranças, experiências, conhecimentos; mas nascemos sem saber as coisas e precisamos aprendê-las mais tarde" (PUNSET, 2011: 197). Portanto, o estímulo, a experiência e o aprendizado são cruciais para o desenvolvimento do cérebro.

2 DISTINÇÃO ENTRE INTELIGÊNCIA ESPIRITUAL E VIDA ESPIRITUAL RELIGIOSA

Fazendo um balanço dos conceitos da seção anterior, é possível fazer uma distinção entre a IES em geral, a vida espiritual religiosa e a mística.

A vida espiritual cristã faz parte da nossa religião. A vida espiritual está ligada à vida corporal e esta permite amar para além do instinto possessivo. A vida espiritual é o produto da IES, mas não deve ser confundida com a religiosidade das pessoas (ZOHAR & MARSHALL, 2001: 24), nem com o conhecimento do próprio eu, de seus traços psicológicos, limites e possibilidades. Porque esta vida não prova a existência de um Deus. Santo Agostinho disse que somos seres finitos abertos ao infinito, seres efêmeros abertos à eternidade, seres relativos abertos ao Absoluto e essa abertura depende da nossa IES.

O líder religioso Dalai Lama afirma sem rodeios que é importante distinguir entre vida religiosa e espiritualidade: "A espiritualidade corresponde ao desenvolvimento de qualidades humanas como o amor, a compaixão, a paciência, a tolerância, o perdão ou o senso de responsabilidade. Essas qualidades interiores, que são uma fonte de felicidade para si e para os outros, são independentes de uma religião ou de outra. É por isso que, às vezes, afirmei que 'podemos resolver as coisas sem religião, mas não sem espiritualidade'" (SÁNCHEZ RAMOS, 2012: 17).

O psicólogo Gordon Allport mostrou em seus estudos científicos que as pessoas têm mais experiências religiosas fora dos limites das instituições religiosas do que dentro delas.

A IES não é um monopólio das religiões, é um patrimônio do ser humano em sua estrutura essencial.

A psiquiatra Maribel Rodríguez faz uma distinção entre religião e espiritualidade e afirma que existem pontos de encontro e de diferenciação, que nem sempre são fáceis de determinar: "As religiões surgem inicialmente a partir das experiências espirituais de certas pessoas, levando ao desenvolvimento de um 'mapa' para viver a espiritualidade com práticas e estilos de vida concretos". E continua dizendo (2011: 80-86) que a espiritualidade é um conceito mais amplo:

> *Para muitos, é a dimensão mais essencial e profunda das pessoas, que as ajuda a dar respostas sobre o sentido de suas vidas, e assim estaria relacionada aos aspectos imateriais de sua existência ou à transcendência. A espiritualidade poderia ser vivida e expressada fora das religiões, de maneira mais individual ou pessoal, sendo a pessoa uma espécie de aventureiro espiritual, que busca encontrar a fonte individualmente, sem que outros lhe indiquem algum caminho, ou que faz seus próprios mapas.*

Portanto, é necessário distinguir entre espiritualidade e religião: "A religião é uma abordagem sistemática ao desenvolvimento espiritual, estruturada em torno de uma série de dogmas e regras de conduta" (HART, 2013: 29). Por outro lado, a espiritualidade é a influência íntima e direta que o divino tem em nossas vidas. As experiências espirituais são diretas, pessoais e, geralmente, têm o efeito de despertar e expandir a compreensão de quem somos e de qual é o nosso lugar no mundo.

1

A INTELIGÊNCIA ESPIRITUAL

1 A TEORIA DAS INTELIGÊNCIAS MÚLTIPLAS

A teoria das inteligências múltiplas (IM) foi formulada por Howard Gardner em 1983. Essa teoria afirma que no ser humano não existe uma inteligência única, mas uma diversidade de inteligências que marcam as potencialidades e sotaques significativos de cada indivíduo. Cada pessoa tem pelo menos oito inteligências, capacidades ou habilidades cognitivas (inicialmente Gardner formulou sete inteligências e posteriormente incluiu uma oitava: a inteligência naturalista). Essas inteligências trabalham juntas, embora como entidades semiautônomas. Cada pessoa desenvolve uma inteligência mais que outra. Cada cultura e segmento da sociedade coloca ênfases diferentes em cada uma delas. Ele afirma que cada inteligência é interdependente, mas nenhuma delas é autossuficiente; qualquer papel adulto minimamente complexo envolve a mistura de várias delas.

Essas inteligências podem ou não ser ativadas dependendo de muitos fatores, como o ambiente cultural e familiar. "Estima-se que cerca de 30% da nossa inteligência seja herdada, o resto é educação e aprendizado" (TORRALBA, 2012b: 28). Howard Gardner considera as IM como um diamante bruto a ser polido.

Nos anos posteriores à descoberta de Gardner, a sociedade já rejeita a ideia de uma inteligência geral, e começam a ser rejeitados os processos educacionais que imaginam que todos os alunos são semelhantes e que têm recursos pedagógicos iguais.

Howard Gardner, Daniel Goleman e outros estudiosos das IM realçam uma nova definição de ser humano. Este merece uma educação focada na individualidade de suas inteligências e os autores propõem uma nova escola que desenvolva programas de educação para a compreensão e que deixe clara a diferença entre inteligência e conhecimento.

1　Oito tipos de inteligência

O mapa que Howard Gardner desenhou sobre as inteligências múltiplas se compõe de oito tipos de inteligência (ANTUNES, 2011: 35-39):

- **A inteligência linguística-verbal** é a que nos capacita a usar palavras e a aprender diferentes linguagens e idiomas. Está localizada no lado esquerdo do hemisfério cerebral e conecta os circuitos para transformar os sons em palavras. As competências próprias da inteligência linguística são o falar, o saber escutar, o ler e escrever.

- A segunda inteligência é **a sonora-musical** e consiste na capacidade de reconhecer padrões tonais, com alta sensibilidade aos ritmos e sons. Está localizada no hemisfério direito do cérebro, na área ligada aos movimentos dos dedos da mão esquerda, facilitando o uso de instrumentos de corda.

- A terceira inteligência é **a lógico-matemática**: é a capacidade de resolver problemas aplicando números e padrões abstratos. Encontra-se nos lobos parietais esquerdos do cérebro e pertence ao conhecimento matemático. Essa inteligência é a dos cientistas e, entre suas características, possui a habilidade de cálculo.

- A quarta inteligência que Howard Gardner aponta é a **corporal e cinestésica**. Capacita a usar o próprio corpo e os movimentos corporais. Localizada no lado esquerdo do cérebro, é responsável por associar a observação de um objeto e segurá-lo, bem como a passagem de objetos de uma mão para a outra. Essa inteligência é educada através de exercícios físicos, esportes, dança, artes cênicas e todos os tipos de atividades locomotoras.

- A quinta inteligência é **a espacial e visual**: reconhecer e elaborar imagens visuais; facilita distinguir, através da visão, características específicas nos objetos e criar imagens mentais. Está localizada no lado direito do cérebro e regula o sentido de lateralidade e direcionalidade. Aperfeiçoa a coordenação motora e a percepção do corpo no espaço. Essa inteligência é destinada a artistas, designers, arquitetos, engenheiros, mecânicos e profissionais capazes de imaginar espaços em formato tridimensional.

- A sexta é **a inteligência intrapessoal**: distinguir entre o que somos e o que representamos no nível das relações sociais. Localizada no lobo frontal do cérebro, essa capacidade permite o acesso à própria vida emocional e à gama de sentimentos que cada pessoa possui.

- A sétima inteligência é **a interpessoal**. É a capacidade complementar da anterior, e ajuda a entender e compreender os outros. Destaca-se nas pessoas que são capazes de ter empatia e se colocar no lugar dos outros, que captam suas emoções, alegrias e tristezas; é o que tem sido comumente chamado de "o dom das pessoas". Localizada no lobo frontal do cérebro, é responsável por conectar os circuitos do sistema límbico sensíveis aos estímulos causados por outras pessoas.

- A oitava e última inteligência do estudo de Gardner é **a naturalista-pictórica**, que estuda os processos que ocorrem na natureza e permite deduzir hipóteses explicativas dos fenômenos que ocorrem nela. Localizada no lado direito do cérebro, pertence à expressão pictórica, intimamente associada à função visual, na qual estão conectados os circuitos entre a retina e a área do cérebro responsável pela visão.

Note-se que Howard Gardner, em seu livro *A inteligência reformulada*, define **uma nona inteligência, a existencial**: é a capacidade de transcender-se em relação ao cosmos, ao infinito e ao infinitesimal, e também em relação às experiências da condição humana, como o significado da vida e da morte, do destino final do mundo físico e pessoal, bem como de certas experiências ligadas ao amor ou à admiração diante de uma obra de arte.

2 A inteligência espiritual, existencial ou transcendente

Anos após a teoria das IM de Howard Gardner surgiram outras teorias sobre inteligências que completam, expandem e aperfeiçoam as do próprio descobridor. Daniel Goleman, parceiro de Gardner na Universidade de Harvard, descobriu a inteligência emocional (IE). Goleman, em 2012, publica um trabalho sobre a IE e entra em discussão com Gardner sobre como entender e usar a inteligência interpessoal e a inteligência intrapessoal. Goleman projeta como eixo de seus estudos as emoções, e o assinala como dado exclusivo da bagagem hereditária da pessoa.

Nesse mesmo debate, surge no início do século XXI outra forma de inteligência, a **espiritual, existencial ou transcendente**. Howard Gardner reconhece que, talvez, possa existir a inteligência existencial, espiritual ou transcendente, mas a classifica como "meia inteligência"; não a considera "inteira" porque não atende aos oito critérios essenciais – que citaremos na sequência – para se identificar com as outras. Howard Gardner não pode afirmar que no cérebro humano existe um centro ou local específico ou localizado para a inteligência existencial. Há um problema porque a IE de Goleman se mistura com a inteligência intrapessoal de Gardner, para esboçar um centro para a IES.

Daniel Goleman forneceu ao mundo a teoria das experiências da IE. Essa inteligência proporciona a capacidade de transmitir emoções positivas, como o entusiasmo, e canalizar emoções negativas, como o ódio e o ressentimento (VÁZQUEZ BORAU, 2010: 34).

Celso Antunes (2011: 62) salienta que durante a história da humanidade "pessoas de extremo fervor religioso, como Jesus Cristo, Joana d'Arc e até Gandhi, destacaram-se por outras inteligências muito elevadas que parecem ter construído sua força mística [...] Demonstram muito mais claramente a força da inteligência interpessoal, que se manifesta por uma elaborada descoberta do próximo e pelo empenho em sua construção pelos caminhos da fé".

3　A janela de oportunidades

O cérebro humano não está pronto, muito menos acabado, no momento do nascimento. Isso significa que, à medida que o corpo cresce, também cresce a massa cerebral. As fibras nervosas capazes de ativar o cérebro precisam ser construídas e o são por causa dos desafios e estímulos aos quais o ser humano está sujeito.

Num recém-nascido, os dois hemisférios do cérebro ainda não são especializados. A especialização ocorrerá lentamente até os cinco anos de idade e rapidamente até os dezesseis anos, mas de maneira desigual em cada hemisfério e para cada inteligência.

Hemisfério esquerdo	Hemisfério direito
Raciocínio	Intuição
Linguagem falada	Imaginação
Linguagem escrita	Sentido artístico
Habilidade científica	Sentido musical
Capacidade numérica	Percepção tridimensional
Controle da mão direita	Controle da mão esquerda

Os neurobiologistas estudaram o que é chamado "janelas de oportunidades" (ZOHAR & MARSHALL, 2001: 17-19). Esses estudos fazem referência ao fato de que, em certa idade, o ser humano apresenta uma maior abertura ao aprendizado de uma inteligência. Essas janelas de oportunidades vão de zero a dezesseis anos. Essa teoria não significa que você não pode aprender quando a janela foi fechada, apenas que isso dificulta o aprendizado. A teoria das janelas de oportunidades é muito positiva para a educação: encontrar a janela para cada tipo de inteligência nos ajuda a estimulá-la em cada criança.

2 O QUE É A INTELIGÊNCIA ESPIRITUAL (IES)?

O termo IES foi cunhado por Danah Zohar e Ian Marshall. Segundo esses dois pesquisadores (2001: 20), "a IES permite que o ser humano seja criativo, mude as regras ou altere as situações. Permite-nos jogar com as limitações e viver um 'jogo infinito'. As pessoas que cultivam essa inteligência têm mais capacidade de se perguntar o motivo e o propósito das coisas". Howard Gardner define a IES da seguinte forma:

> *A capacidade de posicionar-se em relação ao cosmos, em relação às características existenciais da condição humana como o sentido da vida, o significado da morte e o destino final do mundo físico e psicológico em experiências profundas, como o amor por outra pessoa ou a imersão em uma obra de arte (TORRALBA, 2012b: 45).*

Outros autores a definem como a capacidade de entrar em mundos desconhecidos, de se superar ou de procurar o que está além dos limites.

Como foi observado acima, na tese de Gardner, a IES poderia ser considerada uma inteligência comum às outras, mas também poderia estar ligada à inteligência intrapessoal. Esta inclui as emoções e os pensamentos, mas não podemos reduzir o conhecimento do eu à IES. Assim podemos dizer que a IES é a consciência do universal, consciência da humanidade e fraternidade entre todos os seres, capacidade de maravilhar-se com o cosmos, senso de místico, disponibilidade para ouvir e entender os outros, e a capacidade que nos permite ser felizes.

A IES abre a mente para que a pessoa possa entrar no seu ser e possa responder às perguntas básicas do ser humano: Quem sou eu? O que será de mim? De onde eu venho? Qual é o sentido da vida? Para que tudo? Por que tudo? Deus existe? Os seres humanos são essencialmente espirituais porque sentem a necessidade de se perguntar sobre questões "fundamentais" ou "substanciais".

A IES é uma forma profunda de espontaneidade, uma resposta a esse centro profundo do ser e ao espaço no qual ele está enraizado. Quando a pessoa é profundamente espontânea, ela está naturalmente em contato com seu próprio ser interior, com tudo o que faz parte desse centro.

Para o professor de Filosofia Francesc Torralba (2012b: 50), a IES nos torna "aptos a entrar e sair de estados de consciência como a consciência cósmica, a profunda contemplação, a prática da oração e o exercício da meditação".

No nível religioso, José Luis Vázquez (2013: 12) indica a IES como o ápice espiritual ou consciência através da qual Deus nos fala. Para o psiquiatra Robert Cloninger, a IES abrangeria "a capacidade de transcendência do ser humano, o sentido do sagrado ou os comportamentos virtuosos que são exclusivamente humanos, como o perdão, a graça, a humildade ou a compaixão". Albert Einstein disse: "Quando uma pessoa encontra uma resposta para o problema do sentido da vida, ela já é uma pessoa religiosa".

No século XIX, o cardeal J.H. Newman refletia, com palavras, sobre a necessidade de um trabalho educacional para a competência espiritual. O teólogo K. Rahner (1967: 22) declarou: "O cristão do século 21 será místico ou não será cristão".

3 QUE FACULDADES A INTELIGÊNCIA ESPIRITUAL PROPORCIONA?

A IES fornece à pessoa certas habilidades que a impelem a viver uma vida diferente da vida de qualquer ser vivo da criação. Aqui está uma lista dessas capacidades que o indivíduo possui em relação à IES.

- A IES promove o ser humano para que ele se pergunte sobre o sentido da existência. A busca pelo sentido é um fenômeno que emerge da parte mais profunda da pessoa e é comum a todos os seres humanos.

- O ser humano tem uma capacidade inata de fazer perguntas a si mesmo, respondê-las e adentrar os problemas. O indivíduo vive durante seu desenvolvimento infantil uma destas etapas em que ele se faz a maioria das perguntas que ele não se fará na fase adulta. Cuidar do desenvolvimento e do estímulo, na infância, de todas as diferentes formas de inteligência é de vital importância para encontrar as respostas esperadas.

- A IES dá o poder de nos conscientizarmos de nossa singularidade e de vernos "como espectadores sem deixar de ser atores" (SCHELER: 2000), uma condição imprescindível para descobrir e reconhecer a liberdade. O distanciamento do homem em relação às situações que ocorrem no exterior ajuda a criatividade individual. A capacidade de distanciar-se é uma ação fácil de nomear, mas difícil de executar no indivíduo. Max Scheler diz que "a capacidade de se separar do conjunto e de se ver à distância é própria do ser humano" (2000: 123).

- A IES permite abrir-se a novas perspectivas, a perguntar-se, a querer superar-se, a peregrinar em direção ao que não se possui e, finalmente, a render-se ao amor. A autotranscendência, o ir além e atravessar fronteiras, é uma habilidade da IES. Todo ser humano aspira a superar um limite, investiga em terras desconhecidas e quer descobrir cada vez mais.

- O espanto, a admiração e o pensamento simbólico são capacidades fornecidas pela IES. Para alguém dar-se conta de que existe, é necessário não apenas olhar, mas admirar-se com o fato de viver. A admiração é uma experiência mental e emocional, uma sensação que afeta o corporal, mas que está enraizada na IES.

Uma bela declaração de Aristóteles (no livro I da *Metafísica*) dizia: "Os homens começam e sempre começaram a filosofar movidos pela admiração".

- A IES nos capacita para o autoconhecimento, ou seja, o conhecimento de si mesmo. Somente aqueles que se examinam minuciosamente são capazes de reconhecer seus pontos fracos e pontos fortes a fim de realizar uma tarefa com sucesso. Essa capacidade pertence à inteligência intrapessoal; mas não devemos confundir o trabalho com o eu pessoal e o conhecimento com a IES, porque, para a IES, é importante conhecer-se a si mesmo, mas ela não se reduz apenas a isso (TORRES QUEIRUGA, 1986: 45).

- A IES capacita para o descobrimento do chamado interior do ser humano. A busca pelo sentido da vida precisa de um exercício de escuta. Quando essa voz interior é ouvida, a pessoa é capaz de viver sua vida interior e exterior de acordo, para alcançar a felicidade. É importante trabalhar a parte humana interior e a IES capacita para isso.

- Os conceitos de entusiasmo e otimismo são usados para resolver os problemas que a vida apresenta; são possibilidades que o homem tem para ver o aspecto positivo das coisas.

- A IES capacita o homem a valorizar e fazer julgamentos de valor sobre decisões, atos e omissões; consiste na faculdade de valorizar. Toni Buzan (2003: 49) afirma que uma das descobertas mais importantes da neurobiologia é que os seres humanos são honestos por natureza e tendem à verdade, e constata que o cérebro humano é um mecanismo destinado à busca da verdade.

- A IES nos ajuda a captar o poder do prazer estético, a paisagem interior e a exterior. A beleza não é um objeto, mas uma experiência que acontece no ser humano, e é a IES que ajuda essa experiência; produz no homem uma mudança de humor e o transforma. A beleza desperta a vida espiritual e o cultivo da dimensão espiritual.

- A busca da sabedoria pertence ao mais básico da pessoa, desejando uma sabedoria vital para poder viver uma existência feliz. A sabedoria é entendida não como um conhecimento de algo, mas como o essencial, sobre as causas e os fins últimos da realidade.

- O desenvolvimento da IES capacita no sentido de pertença ao Todo; a pessoa é capaz de sentir-se membro do grande Todo, intimamente ligada a qualquer entidade física, biológica, vegetal ou irracional. Crer em Deus não é pensar em Deus, mas sentir Deus a partir da totalidade do ser.

- A fraternidade é um valor da sociedade. Integrar o problema do outro e torná-lo meu problema é essencial, isso permite a abertura ao outro. Vivemos numa sociedade em que os valores da fraternidade foram perdidos e prevalecem os da competitividade. A espiritualidade nos ajuda a estabelecer vínculos com os outros a tal ponto que eles deixam de ser diferentes e distantes e passam a ser vividos como algo próprio.

- A IES tem a capacidade de transcender-nos do mundo real e natural para o mundo do simbólico. Essa habilidade nos ajuda a criar realidades simbólicas em mecanismos que comunicam algo que está além deles. O homem é um ser simbólico e precisa do símbolo. Os símbolos transbordam o mundo da ciência e revelam outro mundo que se oculta para além das leis científicas.

- A IES é a raiz da vida espiritual, mas a espiritualidade não é a religiosidade. A vida espiritual é busca, inquietação, anseio por sentido, caminho para o desconhecido, autotranscendência. A vida espiritual pode levar ao religamento e à profissão de um credo religioso, mas isso não é obrigatório. A espiritualidade não requer a profissão de uma tradição religiosa. A religiosidade ativa a inteligência emocional.

- A capacidade de alegria, simpatia, bom humor e ironia. "A ironia é a atitude própria do sábio; depois de observar cuidadosamente a natureza e a sociedade, ele sabe que tudo é relativo, provisório e efêmero" (KIERKEGAARD, 2000: 284-285).

4 QUE BENS O CULTIVO DA INTELIGÊNCIA ESPIRITUAL PRODUZ?

Assim como a IES proporciona algumas capacidades à pessoa, ela também gera alguns benefícios favoráveis. Uma pessoa espiritualmente inteligente domina cada vez mais e melhor as inteligências. Uma pessoa com IES alta sabe que, quando prejudica os outros, ela se prejudica a si mesma, quando polui a atmosfera com sua raiva, ela contamina seus pulmões ou sua mente.

Não esqueçamos que a vida espiritual não pertence apenas ao âmbito das pessoas religiosas de uma tradição ou de outra, mas também pode ser benéfica na vida das pessoas, no trabalho, na família, no lazer etc. Vejamos alguns exemplos de favores oferecidos pela IES nas pessoas.

- A pessoa com uma IES trabalhada adquire um mundo interior próprio, com uma atividade inesgotável de pensamentos que lhe causa um impulso para fora de si. Uma capacidade de paixão que ultrapassa suas fronteiras. Chamamos essa atividade de criatividade. O escritor Gabriel García Márquez acredita que a criatividade intelectual é o mais misterioso e solitário dos negócios humanos.

- A pessoa aprende a olhar profundamente e não apenas superficialmente. Aprender a ver consiste em habituar a visão à calma, à paciência, à espera serena, a atrasar o julgamento, a concentrar-se em todos os lados possíveis e a abranger o caso específico.

- A pessoa não descobre se não se distanciar de si mesma, de seus ideais, valores e crenças, e se não é capaz de olhar a realidade com uma atitude crítica.

Se olharmos para os homens espiritualmente mais poderosos, vemos que eles geralmente foram muito críticos a respeito de si mesmos.

- Comentamos anteriormente que os relacionamentos interpessoais eram muito importantes dentro da IES e que o cultivo desses relacionamentos fornece à pessoa uma profundidade de intenções. Capacita para amar além das diferenças, a transcender o nível dos afetos, das simpatias, antipatias, fobias e filias. Capacita para maior qualidade nas relações humanas. O amor espiritual abraça todos os seres e abre à transcendência.

- A pessoa que cultiva a IES é capaz de uma autodeterminação resultante de uma vida completamente autônoma, alcançada com o distanciamento e o discernimento pessoal. Lembremos que o objetivo maior da pessoa não é a autossuficiência. A verdadeira autodeterminação consiste em viver de acordo com o eu, capaz de projetar e escolher suas próprias opções na vida e decidi-las livremente, transformando a vida em um projeto pessoal único.

- A IES fornece ao homem a capacidade de liberdade, a independência e a autonomia pessoal no ambiente da vida. Nas palavras de Viktor Frankl (1990: 190): "chegar a ser o que você é".

- A IES permite ao ser humano conhecer o senso dos limites, experimentar suas fraquezas, tomar consciência de sua fragilidade e de seu caráter efêmero. A experiência de finitude vem com a morte do homem e é uma experiência que o acompanhará por toda a vida.

- O conhecimento das possibilidades de cada um é fundamental para abrir os horizontes de realização na pessoa. Conhecendo a si mesmo, o homem se conecta com sua própria força de vontade e alcança coisas que, sem conhecimento, não poderia alcançar (ZOHAR & MARSHALL, 2001: 264-265).

- Produz um benefício maior na transparência e receptividade ao apreciar o presente e o agora; nos dispõe a aproveitar todas as horas livres de contratempos ou dores, a base da IES. Somente o presente é verdadeiro e real: é o tempo realmente cheio e apenas nele está localizada a nossa existência.

- O ser humano tem a capacidade de lembrar o passado, de imaginar o futuro, mas também de viver o agora. A capacidade espiritual permite a experiência completa do agora, porque se distancia do mundo, dos outros, do ambiente cultural, social e político em que estamos situados. Viver o presente intensamente é símbolo de boa saúde mental e espiritual.

- A IES ajuda o equilíbrio interior, dá consistência interna, motiva, capacita, dá energia, gera confiança e esperança para enfrentar as situações da vida mais rapidamente. Os antigos o consideravam a tranquilidade da alma e a imperturbabilidade da mente. Esse equilíbrio também ajuda a pessoa a expressar e canalizar as emoções.

- A IES permite levar a vida como um projeto em que o homem vive livremente e mostra toda a sua realização pessoal. Ele se sente livre e direciona sua vida para um destino escolhido por ele mesmo. Para isso, ele precisa conhecer-se a si mesmo e saber o que quer, de modo definitivo: sua vocação, seu papel e seu relacionamento com o mundo.

- O sacrifício quer dizer entregar algo muito caro à pessoa; mas se alguém se sente feliz de viver e encontra sentido na vida, está disposto a assumir o sacrifício. A IES capacita a converter a vida pessoal num projeto, mesmo que inclua renúncias e sacrifícios.

- A IES beneficia e prepara para a experiência de viver com alegria e elimina tudo o que existe de negativo na pessoa. Supera as tentações da nostalgia do passado e das preocupações com o amanhã e vive o hoje. Nietzsche diz que os cristãos teriam mais credibilidade se fossem mais alegres. O autor de *O anticristo* tem toda a razão. Em muitas celebrações da Páscoa, os fiéis seguem o ritual com cara triste, que contradiz o que supostamente é comemorado.

- Um ser espiritualmente inteligente ajuda a lidar com a morte. O medo da morte surge da falta de perspectiva, de uma incapacidade de colocá-la num contexto maior; é um fracasso mais profundo no entender e apreciar a vida, um fracasso mais grave do que não saber como situar a vida numa perspectiva maior de significado e de valores. O homem espiritualmente religioso, crente no Deus cristão, se rende diante do encontro com Jesus ressuscitado. A ressurreição de Jesus nos mostra, ao morrer pelos outros e por Deus, que a vida tem sentido, porque a morte não é um voltar-se para Deus, mas um retorno a Deus. O homem cristão, ao longo da vida, olha para Deus; no entanto, quando a morte chega, é Deus quem olha para o homem e isso constitui o destino do crente.

5 QUE DETERIORAÇÃO A PESSOA SOFRE SE A INTELIGÊNCIA ESPIRITUAL NÃO FOR CULTIVADA?

Algumas atrofias ocorrem na pessoa se a IES não for trabalhada. O ser humano nunca está concluído, sempre é possível estimular e desenvolver mais intensamente alguma faculdade. Quando uma cultura não defende a IES, toda ela se deteriora, os indivíduos enfraquecem e, consequentemente, toda a sociedade se torna fraca e pós-moderna.

O homem pós-moderno precisa do espetáculo, das imagens e de todo o tipo de sensações e emoções, mas tudo com um conteúdo vazio. Também não é capaz de mudar nada, ele se sente incapaz. Zigmunt Bauman fala de uma "sociedade líquida" muito vulnerável aos valores de sempre. Mas, dada a situação do homem pós-moderno, é preciso deixar claro que a atrofia não é um fracasso, mas a consequência de uma falta de educação nesse sentido, a falta de cultivo ou negligência.

Vivemos numa cultura espiritualmente doente, as motivações são distorcidas. As pressões sociais e econômicas que nos cercam nos fazem confundir os desejos com as necessidades. A mesma sociedade pressiona os indivíduos a quererem mais do que o necessário, a querer mais de forma constante e insaciável. A medida do sucesso em nossa sociedade nos faz querer mais posses, mais dinheiro e mais poder. O fato de tantos ocidentais estarem acima do peso representa uma das doenças espirituais mais comuns, causada por uma motivação distorcida. As pessoas comem para preencher um vazio que não as abandona.

A IES nos obriga a refletir mais seriamente sobre o que pensamos e queremos, e a colocar esse desejo dentro da estrutura de nossos propósitos e motivações vitais mais profundas. Propomos alguns dos problemas que surgem nas pessoas devido à atrofia ou falta de capacidade na IES.

- De acordo com Francesc Torralba, a apatia de viver é causada por uma falta de projeto, de autotranscendência. Para a vida espiritual, o fundamental é o desejo de superação e uma vontade explícita de realização. Por outro lado, nos seres humanos, devido à paralisia vital e à falta de entusiasmo, existe uma anemia de um sentido de vida que termina numa paralisia vital.

- O consumismo é mais uma das atrofias do ser humano; a sede de possuir arrasa tudo o que possa existir de espiritualidade no homem. O indivíduo tornou-se prisioneiro do que tem e escravo do que possui; é uma ansiedade nunca satisfeita, um poço sem fundo nunca cheio. Uma pessoa cultivada na espiritualidade sabe como afastar-se desse problema e descobre como cultivar a sobriedade e a austeridade.

- O radicalismo leva a uma atitude de superioridade moral que impede chegar a um acordo com os outros seres humanos da humanidade. O fanatismo obriga os outros a mudarem de ideia e a procurar-lhes o bom caminho, sabendo que estão errados. Essa patologia é uma falta de capacidade de autocrítica; eles identificam sua verdade com a Verdade, seu bem com o Bem, seu ser com o Todo. Os antídotos contra o fanatismo são a autotranscendência, o distanciamento e o senso de humor.

- O problema do fanatismo implica intolerância; a pessoa que não é capaz de tolerar as convicções e ideologias de outras pessoas não pratica a espiritualidade, e eu não me refiro à tolerância como um relativismo. A tolerância é a capacidade de distinguir a ideia da outra pessoa e de intuir mais aquilo que une do que aquilo que separa. Consiste na capacidade de saber como distinguir entre um e o outro, entre o bom e o ruim, e não confundir-se com suas próprias ideias.

- Somente tomando distância se consegue a autodeterminação e um projeto individual. O gregarismo é uma falta de criatividade e um produto da preguiça ou do vazio existencial. Ser gregário é imitar o que os outros fazem sem aspirar a nada na vida. Esta vida carece de sentido, interesse e originalidade. Um exemplo do gregarismo é a manipulação dos meios de comunicação.

- O gosto pelo vulgar é um dos sintomas da sociedade atual e um elemento que demonstra a pobreza espiritual das pessoas. O ambiente em que vivemos nos estimula a viver na superficialidade; vivemos distraídos. Toda vulgaridade corresponde a uma falta de delicadeza e simplicidade. A falta de sensibilidade à música, à arte, à poesia, à filosofia e a qualquer manifestação demonstra uma carência na capacidade espiritual.
Hoje existem muitos programas de televisão chamados "telelixo". Eles produzem nas pessoas uma pobreza em todos os aspectos, tanto no espiritual quanto no social. A busca de algo belo numa vida finita produz no ser humano benefícios muito bons, os momentos da vida são aproveitados e o essencial é diferenciado do grosseiro e vulgar. O oposto desse viver consistiria em abandonar a preguiça e dar sentido à existência.

- A falta do cultivo da IES produz o tédio, a carência de objetivos na vida, a falta de sentido e de propósitos. A pessoa está constantemente entediada e procura soluções para ser feliz em estímulos externos que lhe evitam precisar que pensar, e assim ela passa os dias se salvando do grande mal da sociedade de hoje, a apatia.

- O ser humano engana a si mesmo, e esse mal se chama autoengano. É o produto da falta de IES que permite ao ser humano progredir e superar as fases do engano. Ao distanciar-se, o indivíduo concebe-se a suspeita de si mesmo, e isso o mantém acordado e em estado de alerta permanente, para se dar conta das armadilhas que ele mesmo se coloca.

- Uma atrofia da IES é o isolamento. O homem é incapaz de ver o outro em toda a sua essência. O individualismo é um isolar-se do outro para se concentrar em si mesmo, um narcisismo e um amor desordenado a si próprio, o culto à própria pessoa.

A vida espiritual é abertura, dinâmica e criativa, em direção ao que alguém não é. O problema da pessoa narcisista é que ela é incapaz de ter relações com outras pessoas; falta-lhe entusiasmo, elemento básico da capacidade espiritual, e, por esse motivo, abunda nela a autocompaixão e ela se sente vítima das circunstâncias.

6 POR QUE É NECESSÁRIO EDUCAR NA INTELIGÊNCIA ESPIRITUAL?

A IES tem alguns benefícios e potencialidades extraordinários e, com isso, nosso possível desenvolvimento no campo educacional e, especialmente, antes dos processos de iniciação cristã. A pessoa espiritualmente inteligente capta os problemas em profundidade, goza intensamente da beleza, sofre com os males, as injustiças, os sofrimentos que a humanidade sofre. Portanto, essa capacidade espiritual a faz valorizar tudo o que possui e transformá-lo.

Tanto pela neurologia quanto pela física da consciência, a IES é uma capacidade inata do cérebro humano, e essa capacidade do cérebro está relacionada a uma realidade mais ampla. O ser humano nasce com esse potencial adormecido e o centro profundo desse potencial está em nós como um direito alienável. Quando usamos a IES, estamos vendo as coisas a partir do centro. Situamos os fatos e os sentimentos num contexto mais amplo, relacionamos coisas que pareciam separadas e criamos relacionamentos e padrões.

A IES nunca está ausente da pessoa, mas nossa visão dela e, portanto, nossa capacidade de usá-la pode estar bloqueada. O que pode nos bloquear é o ato de olhar para ela como se fosse um objeto externo fora de nós. É nesse momento que entra em cena o trabalho do educador, catequista, pai ou mãe.

As crianças mostram um alto nível de IES. Elas sempre perguntam o porquê, sempre procuram o sentido das coisas e sempre procuram colocar os sentimentos e os fatos num contexto mais amplo. As crianças ainda não estão bloqueadas por um conjunto de suposições ou por uma certa maneira de ver as coisas. Tudo é novo para elas.

É urgente a necessidade de uma educação na IES. A educação permite estimular as IM do educado e desenvolver todo o seu potencial. É necessária a educação integral em todos os seus aspectos, também na IES. Embora não se possa responder de maneira científica ao sentido da vida, ele não pode ser abandonado nem eliminado da educação integral da pessoa. O filósofo Torralba (2012a: 301) observa que a IES

> é um elemento fundamental no processo educacional de uma pessoa e tem consequências diretas em outras áreas da aprendizagem. Sem curiosidade, sem preocupação, sem o exercício da imaginação, da percepção e da intuição, os jovens perdem a motivação para aprender e seu desenvolvimento integral é irregular. Privados de autocompreensão e de capacidade de entender os outros, eles têm dificuldade em viver com os vizinhos, em detrimento do seu desenvolvimento social. Como não conseguem deixar-se levar por um sentimento de surpresa e admiração pela beleza do mundo, pela genialidade de artistas, músicos e escritores, vivem em um deserto cultural e no vazio espiritual.

Um dos erros da catequese pós-conciliar foi o abandono da educação na capacidade espiritual. A partir do momento em que começamos a frequentar a escola, a catequese ou a educação formal, somos ensinados a olhar para fora e não para dentro, a focar fatos e problemas de natureza prática e a alcançar objetivos. Na educação ocidental, quase nada nos encoraja a refletir sobre nós mesmos ou sobre nossas vidas e motivações internas. Não somos ensinados a dar asas à imaginação.

Com a agonia das religiões oficiais, temos pouca pressão para refletir sobre o que acreditamos ou valorizamos. Muitos de nós até nos sentimos desconfortáveis com o tempo livre ou com o silêncio. Enchemos o tempo com atividades, nem que seja assistir televisão, e enchemos o silêncio com barulhos.

Somente personagens que sofreram na própria carne os horrores da guerra, como Etty Hillesum, ou a judia convertida ao cristianismo Edith Stein, ou o psiquiatra Viktor Frankl, reivindicam a espiritualidade como elemento para dar sentido à vida.

Hoje, mais do que nunca, é necessária, nos processos catequéticos e educacionais, uma programação da espiritualidade e da educação dessa inteligência. Em nossas comunidades cristãs, e precisamente em seus membros, é urgente apresentar a tarefa sempre difícil e dolorosa de descobrir onde está meu próprio centro e quais são realmente minhas motivações mais profundas. Pode ser meditar ou rezar, mas também pode ser cozinhar (Santa Teresa de Jesus já dizia: "Entendei que, se for na cozinha, também entre as panelas anda o Senhor"), trabalhar, fazer amor ou simplesmente beber um copo de água; a questão é que essa atividade emane sempre de uma paixão concentrada e das motivações e valores mais profundos da vida.

Vivemos numa era científica e, se queremos levar a IES a sério, devemos nos perguntar qual é a sua presença em nós e como ela funciona no cérebro humano. O objetivo é responder a estas perguntas ou a outras semelhantes:

- O que há em nosso cérebro que nos dá uma inteligência centrada no sentido?
- Que papel desempenhou na evolução humana?
- E como e por que nossos cérebros têm a capacidade de funcionar fora de seus limites e de superá-los?
- Como voltamos a contextualizar e enquadrar nossas experiências?
- O que há na natureza do cérebro que possa dar à nossa mente acesso à inteligência ou consciência a partir de além do cérebro individual e de suas estruturas neurais?

A IES pode responder ou pelo menos apresentar uma maneira de responder a muitas dessas perguntas.

2

CHAVES METODOLÓGICAS PARA A EDUCAÇÃO DA INTELIGÊNCIA ESPIRITUAL

1 PERSONALIZAR E ACOMPANHAR A FÉ

1 Personalizar a fé

Juan de Dios Martín Velasco, em seu manual *A transmissão da fé na sociedade contemporânea*, defende a ideia de que a fé deve ser personalizada. Hoje não basta o que é recebido e transmitido de pais e professores, é necessário ter "acompanhantes da fé". A fé cristã é cada vez mais o resultado de uma decisão livre e pessoal, porque "o que até recentemente era suficiente manter, hoje em dia deve-se querer e sustentar" (AECA, 2009: 56).

A personalização como método baseia-se numa visão integral e integradora do humano e do espiritual. Hoje, precisamos de um modelo de personalização em que a pessoa assuma o processo de amadurecimento, a partir de dentro, na verdade e na autenticidade.

A personalização da fé não se reduz ao acompanhamento pessoal, porque cada um deve responder por si mesmo diante de sua consciência, diante dos outros e diante de Deus. Portanto, é um processo gradual e por etapas, em que os momentos de maior progresso acontecem por rupturas ou crises.

2 Acompanhar a fé

O conceito do acompanhamento personalizado na catequese e com as crianças, adolescentes, jovens e adultos, hoje, mais do que nunca, é vital. É necessário acompanhar a fé e ajudar a amadurecer como pessoas (MORELL, 2013: 327-337) no ambiente eclesial. É na inter-relação humana que a experiência cristã é vivida, mas ela "não pode se contentar ou permanecer no simples amadurecimento da personalidade humana, pois inclui como elemento nuclear a formação da consciência moral, a experiência de oração, o senso comunitário de fé e o discernimento vocacional" (SASTRE GARCÍA, 1993: 58).

É uma tarefa nobre acompanhar a caminhada de uma criança que cresce como pessoa. Trata-se de uma contribuição ao despertar para a vida e a fé através do projeto catequético que afeta a vida espiritual da criança, tão esquecida. O objetivo final é conseguir que essa aventura em que se viaja acompanhado por outros, próximos e distantes, chegue a alcançar a posição segura de uma autonomia espiritual e obter a preparação adequada para iniciar o processo de iniciação cristã.

O ato catequético implica uma relação pessoal, uma escuta, uma caminhada em direção ao encontro pessoal, como no caso dos discípulos de Emaús, até encontrar o Senhor. Hoje, exige-se a experiência do acompanhante e sua força como testemunha, seu exercício como mediador, um trabalho de "maiêutica", de parto e aprofundamento diante daquele que espera ser ajudado, uma tarefa "propedêutica" de preparar, capacitar e oferecer instrumentos de crescimento e, acima de tudo, uma função "hermenêutica" para ajudar a interpretar e reler a vida a partir de Jesus e do Evangelho (AECA, 2009: 59-60).

Surgiram muitas técnicas para personalizar o acompanhamento das pessoas. Viviane Launer define o *coaching* (desenvolvimento pessoal e profissional) como a técnica que busca desenvolver o potencial das pessoas para alcançar mudanças coerentes e profundas. Deduz-se dessa definição que o *coaching* trabalha com o potencial das pessoas, com sua energia, com sua fonte de motivação e crescimento. A espiritualidade é uma fonte de energia interior que move as pessoas a alcançar grandes desafios.

Alguns converteram essa técnica na versão "*coaching* espiritual". Esta é usada para o acompanhamento e crescimento pessoal de toda a comunidade educacional (VALLEJO VICIANA, 2012: 28-29). O *coach*, ou treinador, é aquele que atua como um "despertador". Ele é o acompanhante que ajuda o acompanhado a desaprender e o leva a uma nova visão do que ele vive, abre seus olhos para uma nova revelação, desperta sua consciência e o abre para o novo e imenso. O *coach* lança a pessoa para que ela se abra às questões básicas de sua própria existência.

2 A NECESSIDADE DE EXPERIÊNCIAS ESPIRITUAIS

As pessoas estão buscando experiências. Criar situações de aprendizagem que contribuam para essa busca é contribuir para uma catequese com uma experiência transformadora.

O espiritual pertence à área da experiência e não ao mundo das crenças intelectuais. A experiência humana é o caminho para chegar ao conhecimento de si mesmo, ao encontro com Deus e à verdade das coisas.

As principais experiências humanas no processo de amadurecimento da fé são: a busca de sentido, a abertura ao tu e ao "tu", a transformação da realidade, a consciência histórica e as próprias limitações e possibilidades.

O sentido da vida está sendo construído através de três processos sucessivos e simultâneos: adaptação à realidade que se impõe; a autodescoberta de possibilidades; e a comprovação com o que existe para mudar e melhorar a realidade.

O *Diretório Geral para a Catequese*, no número 116, ressalta que "a relação da mensagem cristã com a experiência humana não é uma simples questão metodológica, mas germina da própria finalidade da catequese, a qual procura colocar em comunhão a pessoa humana com Jesus Cristo". E continua afirmando no número 117: "A catequese, apresentando a mensagem cristã, deve, portanto, trabalhar para tornar os homens atentos às suas mais importantes experiências, tanto pessoais quanto sociais, e deve também esforçar-se por submeter à luz do Evangelho as interrogações que nascem de tais situações, de modo a estimular nos próprios homens um justo desejo de transformar a impostação de suas existências".

A psicologia nos fala sobre dois tipos de experiências, as "cristalizantes" e as "paralisantes". As experiências cristalizantes são marcos na história pessoal que acendem a centelha de uma inteligência e iniciam seu desenvolvimento em direção à maturidade. Eles são como gatilhos neurais. Encontramos exemplos desse tipo em personagens famosos por seus talentos. Albert Einstein explicou como o fato de ver uma bússola magnética aos quatro anos de idade o motivou a descobrir os mistérios que o cercavam ativando sua genialidade.

Por outro lado, as experiências paralisantes se referem às vivências que bloqueiam o desenvolvimento de uma inteligência. Elas estão cheias de emoções negativas, capazes de frear o desenvolvimento normal das inteligências. Sentimentos de medo, vergonha, culpa ou ódio impedem o crescimento intelectual. Trata-se de ativar o interruptor que acende a faísca da IES; e, acima de tudo, de que não sejamos um obstáculo no caminho de cada catequizado (GÓMEZ VILLALBA, 2014: 56-57).

Martín Velasco, em *A transmissão da fé na sociedade contemporânea*, assinala a importância que a experiência humana deve ter no religioso e a conexão das experiências religiosas com as experiências humanas fundamentais: a experiência estética e a capacidade de emoção diante do espetáculo das coisas.

No caminho místico e monástico, São Bernardo de Claraval se expressa da seguinte forma: "A razão só entende o que foi experimentado antes" (BERGER, 2001: 11-12); ou, de acordo com a expressão de Ruperto de Deutz: "apenas o conhecimento derivado de uma experiência pessoal íntima vale a pena" (MARTÍN VELASCO, 2001).

3 A INICIAÇÃO À EXPERIÊNCIA DO ESPÍRITO

1 Diferenciar a dimensão espiritual e a dimensão religiosa

Um dos desafios consiste em educar o espírito, pois permite que a pessoa se posicione em relação ao cosmos – origem e destino final – e às características existenciais da condição humana, ao sentido da vida, da existência, da morte e das experiências profundas de amor (FIGUEROA ÍÑIGUEZ, 2012b: 24). O espiritual ocupa um lugar nuclear e fundamental; é essa a dimensão que confere ao todo o caráter da personalidade e da autêntica individualidade, que faz com que todos os estratos sejam penetrados por esse caráter.

Nesta tarefa de educar o espírito, não devemos cair num erro comum: Educar a dimensão espiritual não significa exatamente educar a dimensão religiosa, é essencial diferenciá-las. A dimensão religiosa tem sua referência numa tradição específica, em nossa cultura, a cultura cristã. A dimensão espiritual deve despertar as perguntas que a dimensão religiosa se encarregará de responder mais tarde. A dimensão espiritual é o primeiro passo, a dimensão religiosa é o segundo.

Carmen Pellicer, teóloga, pedagoga e escritora, numa conferência intitulada *E teu pai, que vê o que está em segredo,* durante as Jornadas Pastorais Educacionais da FERE de 2004, relata assim o conceito da dimensão espiritual na educação:

> *O desafio fundamental da educação do espírito é voltar a provocar em cada uma das crianças a inquietação espiritual, a insatisfação com a existência, essa busca que é universal, para além de cada resposta concreta, e que possibilita as experiências de sentido, as experiências de Deus, no caso de uma resposta religiosa (experiência de descoberta e relacionamento com o Deus Pai de Jesus de Nazaré, na tradição cristã).*

2 Educar a espiritualidade das crianças e adolescentes

As crianças e os adolescentes olham as coisas a partir de uma perspectiva diferente da perspectiva dos adultos, e fazem com que estes olhem as coisas a partir de outro ângulo. São especialistas em não tomar nada como definitivamente garantido. Eles usam seu potencial de criatividade simplesmente colocando os pés no chão. O diálogo com eles implica uma virtude de empatia, e é preciso tratá-los como interlocutores válidos e como pessoas com plena posse de suas faculdades, a fim de poder aprofundar sua vida espiritual.

Educar a espiritualidade das crianças e adolescentes é um grande desafio para os adultos. A criança, ao nascer, é desprovida de preconceitos e ressentimentos históricos. Já existe a vida e a atividade espiritual, mas ainda não foi pensada, criticada, questionada e analisada. Apresentamos três fatores fundamentais que influenciam a longo prazo seu crescimento:

- O primeiro fator é o *amadurecimento estrutural derivado dos processos biológicos* de cada indivíduo, dos processos evolutivos naturais e da herança recebida dos pais. Esses três fatores condicionam o crescimento, e sobre estes intervêm, de uma maneira ou de outra, as primeiras experiências da pessoa em formação. Esses processos nas etapas iniciais da vida ocorrerão na família e condicionarão a personalidade da criança.

- O segundo fator são as *transmissões educacionais que ocorrem ao longo do estágio de crescimento* da criança. Muitos desses fatores são voluntários e outros involuntários, e se desenvolvem nas áreas em que a criança interage, a influência da escola com seus objetivos, metas, conteúdos, clima e relacionamentos; na sociedade com a influência do mundo simbólico da publicidade e da mídia; na família com as manifestações em ritos, celebrações, regras, normas e comportamentos; as estruturas sociais e psicológicas nos modelos de identificação, nos costumes em voga e nas relações humanas.

- O terceiro fator na educação são *as experiências, as vivências que nos permitem testar e descobrir as coisas e adquirir um conhecimento sobre elas*. Na educação da IES, os educadores têm o dever de provocar diferentes experiências que representem uma alternativa àquilo que a criança vai descobrindo por fatores externos. As experiências pessoais representam uma mudança significativa no crescimento e no comportamento da criança e do adolescente que está na fase de amadurecimento.

Cada pessoa, criança, adolescente, jovem ou adulto, é uma novidade na história, é um ser único e singular, com uma missão específica no mundo, que só pode ser conhecida se a pessoa entrar no seu ser e conseguir ouvir a voz interior. O professor de pedagogia e psicologia da evolução Fritz Oser afirma que toda pessoa, em algum momento de sua vida, se faz uma pergunta sobre o sentido de sua vida.

4 A EXPERIÊNCIA DE ENCONTRO COM DEUS

1 A experiência de relação com Deus

As experiências são a base do cristianismo. Gustavo Gutiérrez, pai da Teologia da Libertação, afirma que, para acreditar, é preciso primeiro contemplar Deus e depois praticá-lo. Não há crença se antes não se teve experiência de Deus. Poderíamos dizer vulgarmente que alguém não pode espalhar a gripe se não a tiver; a fé passa pelos mesmos caminhos: alguém que não experimentou a fé terá muita dificuldade de difundi-la ou transmiti-la. O Papa Paulo VI afirmou na Encíclica *Evangelii Nuntiandi, n. 46*: "No fundo, haveria outra maneira de transmitir o Evangelho que não seja a de transmitir sua própria experiência de fé a outra pessoa?"

A jornalista María Ángeles López escreveu num artigo (SASTRE et al., 2010: 82) sobre a experiência de um renomado teólogo: "Um teólogo me confessava a perplexidade que o invadiu ao dar-se conta de que havia refletido e escrito sobre Deus durante toda a sua vida e, no entanto, quando lhe pedi um relato sobre sua própria experiência de fé, ele se sentia incapaz de contá-la, de encontrar as palavras certas para fazê-lo, e sentia um grande pudor".

O terceiro capítulo da Encíclica *Lumen Fidei* tem como título: "Transmito-vos aquilo que recebi", em referência à Carta de São Paulo (1Cor 15,3), afirma no número 46 que, na experiência da fé, da oração e dos mandamentos, o cristão aprende a compartilhar a mesma experiência espiritual de Cristo e começa a ver com os olhos de Cristo.

O ex-padre e teólogo Enrique Martínez Lozano (2009: 60) escreve: "A acolhida de Jesus em nós pertence ao cerne da experiência cristã, e não é senão uma consequência do mistério da encarnação: o Deus cristão é acolhido no próprio viver; aceitamos ou rejeitamos Deus quando aceitamos ou rejeitamos o mistério que cada um de nós é".

Jesus de Nazaré teve um encontro consigo mesmo quando descobriu que seu valor como pessoa era conferido por ser Filho, amado e favorito, de Deus (cf. Lc 3,22; Mt 3,17; Mc 1,11) e a partir daí fez opções pessoais muito corajosas. Jesus não deixou nada escrito, mas todo o seu trabalho foi construído com base em encontros com o outro: encontros com seus discípulos, o encontro com Nicodemos, com a mulher samaritana, com o homem cego de nascença, com Zaqueu, com Marta e Maria, entre outros; e, acima de tudo, ele teve um encontro de relação pessoal com Deus, motivo que o alimentou ao longo de toda a sua vida a fim de poder anunciar a Boa-nova do Reino.

Enrique Lozano (2009: 60) continua dizendo que a pessoa realizada e com uma IES formada "é a pessoa dócil a Deus, e a Deus nós encontramos, acolhemos e respondemos na vida".

E Bento XVI e o Papa Francisco nunca se cansam de repetir a importância do encontro pessoal com Deus:

> *Ao início do ser cristão, não há uma decisão ética ou uma grande ideia, mas o encontro com um acontecimento, com uma Pessoa que dá à vida um novo horizonte e, desta forma, o rumo decisivo (EG, n. 7).*

Para se encontrar com Deus é necessário uma experiência verdadeira que toque o coração, mas esse encontro consigo exige que a pessoa se encontre consigo mesma, e para isso precisamos da colaboração necessária entre psicologia e espiritualidade.

José Antonio Pagola disse o seguinte numa conferência: "A prioridade neste momento não é transmitir doutrina, pregar moral ou sustentar uma prática religiosa, mas tornar possível a experiência original dos primeiros discípulos que acolheram o Filho do Deus vivo encarnado em Jesus Cristo".

Os Padres da Igreja falavam da fé como "sentimento de Deus". Por que posso dizer que "sou crente"? Alguém é um crente quando experimenta Deus em sua própria vida e na profundeza de si mesmo, como a Presença mais íntima que nos habita. Abraham Maslow definiu as experiências religiosas como "experiências de pico": um estado de unidade com características místicas; uma experiência em que o tempo tende a desaparecer e o sentimento que nos surpreende faz parecer que todas as necessidades estão preenchidas.

Uma das chaves da iniciação à experiência espiritual na iniciação à IES de crianças, jovens e adultos é baseada na experiência de relacionamento que eles podem ter com Deus. "Deixem vir a mim as criancinhas, e não as impeçam, porque o reino de Deus pertence àqueles que são como elas. Garanto-lhes que aquele que não aceitar o reino de Deus como uma criança não entrará nele" (Mc 10,14-15). A iniciação cristã de crianças e jovens consiste em preparar um encontro com alguém, e esse alguém é Deus. Mas, para isso, precisamos despertar a vida espiritual e o desejo de transcendência. Na catequese infantil é o que se chama de despertar religioso.

2 | Três dimensões da experiência de relação com Deus

Para despertar esse sentimento religioso, precisamos de uma vertente tripla, ou seja, levar em conta três dimensões: *a dimensão de Deus, a dimensão de si mesmo e a dimensão do próximo*.

A primeira vertente consiste em que a pessoa desenvolva uma imagem de Deus como Pai que a ama; a segunda vertente consiste em desenvolver uma imagem de si mesmo como um filho querido por Deus; e a terceira vertente está em relação aos outros como membros de um mesmo Pai e irmãos entre todos.

Vértices da iniciação à experiência cristã

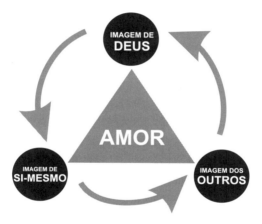

- A dimensão referida a "Deus" inclui uma parte do conhecimento da História Sagrada e a contemplação de Deus como criador do mundo, e subsequentemente o desenvolvimento de hábitos de relacionamento com Ele, através da oração, aprendendo a rezar, dando graças e pedindo; em resumo, aprender a senti-lo como um Pai próximo que está sempre nos esperando.

- O segundo vértice ou dimensão pertence ao campo de "si mesmo". A tarefa consiste em desenvolver uma imagem de si mesmo como filho de Deus, amando-se a si mesmo e sabendo-se amado por Ele. A necessidade de desenvolver hábitos de relação consigo mesmo, aprendendo a conhecer suas próprias emoções e aprendendo a cuidar de si.

- O terceiro vértice pertence à dimensão do "próximo" e tem a ver com o desenvolvimento de uma imagem dos outros como filhos de Deus, com a possibilidade de conhecer os outros e reconhecer os valores dos outros. Inclui o desenvolvimento de hábitos de relacionamento com os outros, exibindo valores de relacionamento, cuidado e respeito pelo outro.

Uma das chaves para a iniciação das crianças e jovens à experiência cristã é o amor. As crianças e os jovens devem se sentir amados para poder amar, e o processo é muito simples: antes de tudo, eles precisam aprender a ser amados, aprender a amar-se a si mesmos, a amar o próximo e, a partir dessas experiências, se abrir para a relação de Deus.

Portanto, os processos catequéticos não devem ser doutrinação, mas oferta de amor. A primeira implicação para trabalhar o despertar espiritual e religioso está nos pais e em seu ambiente mais próximo. Nessa linha, pouco valor foi dado à etapa de 0 a 7 anos, mesmo sabendo que é o momento crucial da formação do cérebro e do despertar espiritual.

3 A experiência de Deus no ambiente familiar

Deve-se cuidar dos momentos no ambiente familiar e propor uma catequese que atenda a essa etapa. As chaves da iniciação em família têm três dimensões fundamentais:

- A dimensão do amor. A criança deve receber carinho e amor dos pais. Esse amor recebido será o começo para ela construir-se como pessoa.
- A dimensão da confiança. A criança precisa adquirir experiências de confiança, porque com elas sua vida e sua fé serão sustentadas.
- A dimensão da família como eixo fundamental da transmissão da fé, valorizar e reconhecer a família. O Concílio Vaticano II definiu a família como "Igreja doméstica", e ela é o lugar no qual a criança pode encontrar apoio nos momentos mais importantes de sua vida.

4 As experiências de Deus na iniciação à IES

A iniciação à IES deve iluminar a vida das crianças, de modo que as experiências humanas das crianças e adolescentes para descobrir Deus são uma peça muito importante.

José Montero, no trabalho *Como anunciar a mensagem do Senhor hoje*, nos apresenta três tipos de experiências:

- *As experiências vividas*: Conhecendo o ambiente em que a vida da criança se desenvolve, é preciso partir de experiências vividas por ela mesma: a alegria, o amor, a dificuldade de fazer algo, o desejo de crescer, de ser amado, de ser livre, de criar, de estar com os outros; as experiências familiares; as experiências vividas na escola, o desejo de aprender, de descobrir coisas novas, de colecionar e outras.

- A ideia é que as crianças se acostumem a ver Deus em tudo e a descobrir que o Evangelho ilumina toda a sua vida. Facilita-se a conexão entre o ser humano e a Palavra de Deus.
- *As experiências evocadas*: Frequentemente, as crianças, imersas num ambiente específico, não prestam atenção em muitos dos eventos que estão enfrentando. Portanto, é necessário evocar experiências passadas. Através do diálogo, abre-se uma oportunidade para conversar sobre situações ou eventos ocorridos.
- *As experiências provocadas*: O horizonte da criança é muito pequeno e suas experiências se esgotam muito rapidamente. Portanto, muitas vezes precisamos provocar novas experiências. A educação ou a brincadeira podem ser uma boa ferramenta para essas experiências.

A educação na IES deve oferecer experiências de salvação às crianças que procuram. O teólogo e professor Juan Pablo García (2012: 28) afirma:

> *É necessário, no exercício da catequese, narrar e comunicar experiências de pessoas salvas. Mas estas não podem ser apenas experiências passadas ou experiências de outros lugares, de outras regiões. É necessário apresentar experiências observáveis, verificáveis aqui e agora, no contexto imediato da própria comunidade, do próprio ambiente de vida. E todos podemos lembrar de experiências vividas ou conhecidas nas quais – de fato – fomos capazes de verificar e saborear momentos específicos de salvação, de libertação, de plenitude.*

E, em outro sentido, o psiquiatra e escritor Viktor Frankl (1990: 20) diz:

> *A educação deve promover nos jovens um processo de descoberta do sentido. A educação não pode dar sentido. O sentido não pode ser dado porque o sentido deve ser descoberto; nós não podemos "prescrever" nenhum sentido. Mas também não se trata disto; já seria bom se desistíssemos de bloquear o processo de descoberta do sentido.*

O ato catequético deve tornar-se uma experiência transformadora, orientada para o despertar da criança e para descobrir para ela o desejo de aprender, numa atitude de abertura e busca. Nesse sentido, pode-se chegar ao encontro com Jesus e culminar com a acolhida transformadora e compartilhada de sua mensagem. Mas, para isso, é importante que o catequista ou o educador tenham vivido essa experiência, porque ninguém ensina o que não sabe, ninguém pode fazer os outros experimentarem o que ele não experimentou.

5 A NECESSIDADE DE UMA NOVA LINGUAGEM

1 As linguagens da experiência de Deus

A necessidade da Igreja de mudar a linguagem atual e responder melhor à salvação cristã é uma das tarefas mais urgentes que a educação da IES deve realizar. Em 1968, já foi assinalado pelo Concílio Vaticano II:

> *Compete a todo o Povo de Deus, principalmente aos pastores e teólogos, com o auxílio do Espírito Santo, auscultar, discernir e interpretar as várias linguagens do nosso tempo, e julgá-las à luz da palavra divina, para que a Verdade revelada possa ser percebida sempre mais profundamente, melhor entendida e proposta de modo mais adequado (GS, n. 44).*

João Paulo II, na Exortação Apostólica *Catechesi Tradendae*, disse:

> *A catequese precisa de uma renovação contínua [...] na busca de uma linguagem adaptada (CT, n. 17).*

E a Conferência Episcopal Espanhola, no documento sobre a Catequese da Comunidade, declarou:

> *A linguagem própria da fé hoje se dirige ao homem de hoje que, forçosamente, precisa sair ao seu encontro, a partir da linguagem do seu próprio mundo, da sua própria experiência [...]. A difícil tarefa da catequese consiste justamente em fazer com que a linguagem de uma tradição fale hoje (CC, n. 145).*

É necessário buscar uma mudança de linguagem na educação da IES. Apresentamos alguns pontos que podem ajudar para isso (SASTRE et al., 2010: 380-387):

- Recuperar a naturalidade de Jesus: no vocabulário, na sintaxe, nos gestos, nas formas.
- Brincar com a imaginação da criança, do adolescente ou do jovem.
- Falar à criança, ao adolescente e ao jovem de hoje, com suas próprias preocupações, uma pessoa democrática, madura e igual a todos os seres humanos.
- Falar com transparência, credibilidade e sentido do humor.

No sistema educacional, e por contágio nos encontros de catequese, está sendo esquecida a necessidade de memorizar, repetir e classificar, e esses três elementos removidos da metodologia educacional atual são novamente essenciais para a aquisição da linguagem. A repetição permite conhecer coisas novas, basear o novo no que já é conhecido e, então, a repetição se torna crucial.

2 As linguagens de Deus

A sociedade esconde Deus como algo pestilento do qual é melhor não falar; Deus é relegado às esferas íntimas de cada pessoa. Hoje é necessário reivindicar o falar de Deus; hoje, mais do que nunca, precisamos falar sobre Deus. As linguagens de Deus baseiam-se em relações interpessoais, da amizade e do amor, e têm múltiplas formulações quando procedem das experiências pessoais profundas, e se manifestam através de imagens, símbolos, gestos, comparações, narrativas, memórias, desejos, entre outros.

Eis uma relação das linguagens de Deus (ÁVILA BLANCO, 2013: 25-26): a linguagem da oração, a linguagem da liturgia, a linguagem profética dos gestos e das palavras, a linguagem da fraternidade e da amizade compartilhada, a linguagem da justiça e da paz, a linguagem dos gestos de solidariedade, a linguagem da tolerância do perdão, a linguagem da narrativa de nossa própria história, a linguagem da memória histórica do que Deus fez com seu povo, a linguagem da lamentação pela dor experimentada, e outras.

As linguagens da fé, isto é, da relação com Deus, são muitas e variadas. Educar nelas ajuda a cultivar a IES, a ser um canal de expressão humana da relação com o transcendente, ajuda a manter viva a emoção e a fundamentar e a dar razões ao ser humano daquilo que ele vive.

3 A linguagem dos símbolos

Trabalhar a linguagem simbólica na iniciação à IES, isto é, a linguagem dos sinais (CC, n. 217), é fundamental. Ajudará a criança a ler os símbolos litúrgico-sacramentais para descobrir a experiência viva e atual do Senhor ressuscitado no meio da comunidade. Pela pedagogia dos sinais, procura-se fazer com que o educado veja as coisas com um novo olhar, com novos olhos: com a luz da fé (CC, n. 219).

Para muitas pessoas, a linguagem religiosa ou a maneira de falar sobre Deus e a salvação, usada por teólogos e cristãos, não tem sentido e resulta estranha às suas categorias de linguagem. É necessário partir da suposição de que a realidade última – a realidade de Deus – é indefinível e inapreensível e só pode ser acessada através de aproximações e símbolos (CF, n. 135).

Emilio Alberich no artigo "Que salvação precisamos anunciar?" fala da linguagem simbólica para trabalhar a salvação cristã na catequese. A linguagem simbólica é a única que temos para poder referir-nos ao transcendente e espiritual, ao outro mundo da realidade. Muitas vezes existe a tentação de pensar que a linguagem simbólica, metafórica, analógica e parabólica, por não falar de coisas "físicas" ou empíricas, é ilusória, mas isto não é verdade; a linguagem simbólica oferece uma verdade metafórica, possui uma "veemência ontológica" (um conceito usado para descrever que existe outro mundo, outra realidade misteriosa e transcendente, que oferece sentido e fundamento à realidade do homem e ao mundo visível e palpável) e tudo é real com uma realidade diferente da realidade física, psíquica e estética. Trabalhar na linguagem simbólica é fundamental na educação na etapa da educação na religião cristã. Se olharmos bem para os gestos, ações e palavras do Papa Francisco, verificamos que ele usa muito esse recurso.

José María Mardones (2011: 201-202), em sua magnífica obra póstuma sobre as imagens de Deus, relata:

> Se passamos do mundo psíquico para o mundo estético, da literatura e da arte, entramos num mundo onde significado, o sentido, a beleza, o impacto, as referências ao não presente, ao evocado, ao intuído, ao sugerido, criam mundos de grande importância para a nossa vida, mas mundos fictícios ou imaginários. A linguagem aqui já é chamada de simbólica, metafórica, poética. Não está descrevendo realidades físicas, mas significados e sentidos. [...] Passando para o mundo religioso, da interioridade espiritual, nós as estamos vendo com o sagrado, o divino, ou seja, com um "mundo" onde está em jogo o sentido da realidade e da vida em sua totalidade e radicalidade. [...] A maneira de falar sobre essa dimensão da realidade só pode ser simbólica, analógica, em comparação com o nosso mundo. A linguagem religiosa, linguagem do sentido por antonomásia, é o domínio do simbólico.

Se olharmos para a tradição bíblica e eclesial, a linguagem expressiva dos símbolos é frequentemente usada para sugerir o que significa e produz a salvação que Jesus Cristo nos traz. Citamos alguns exemplos: a luz que ilumina, a água que purifica, a vida que vence a morte, o fogo que ilumina e aquece, o bom pastor etc.

A educação na IES precisa de uma linguagem narrativa, experiencial e simbólica, em referência às experiências humanas e em abertura à busca de sentido e compromisso (MOLARI, 1972). Esse tipo de linguagem simbólica corresponde a um tipo de racionalidade simbólica, que Paul Ricoeur chama de "inteligência do limiar" ou do limite, sombria e escorregadia; inteligência que requer vigilância crítica e argumentação para não cair em cristalizações idólatras da própria linguagem.

4　A linguagem da imaginação

A linguagem da imaginação também envolve o uso da mídia atual para despertar e transmitir a fé. Internet, redes sociais, publicidade, arte contemporânea, quadrinhos, jornalismo, grafite são de total atualidade.

T. Hart, em seu trabalho *O mundo espiritual secreto das crianças*, expõe:

> Os antigos sufis consideravam que a imaginação – a criação de imagens internas que não provêm dos sentidos externos – é a nossa maneira de parecer-nos com o Criador.

Felipe Nieto (*Eclesalia*, 2009) nos fala sobre a pregação de Jesus Cristo como um paradigma da linguagem imaginativa:

> *Jesus usou a imaginação para falar-nos sobre o reino quando o comparou com uma semente (Mc 4,26), com um tesouro escondido (Mt 13,44), com um banquete (Mt 22,2), com um senhor que chega de surpresa à sua propriedade (Mt 24,50) [...]. Precisamos aprender a usar a imaginação ao longo da vida, para crer, para rezar, para amar, para abrir o espírito e não nos contentar com as poucas luzes que o pensamento às vezes nos dá na hora de compreender, para depois agir na realidade [...]. É por isso que precisamos ser criativos.*

Com outras palavras, o Papa Francisco declara: "Prefiro mil vezes uma Igreja acidentada a uma Igreja doente!, e a Igreja doente só ocorre quando se perde a imaginação e a criatividade.

6 ALGUNS DESAFIOS NOS PROCESSOS EDUCACIONAIS DA INTELIGÊNCIA ESPIRITUAL

Na sequência são propostos alguns desafios nos processos de educação para a IES na catequese.

1 O desafio da educação integral

A criança e o adolescente, como todo ser humano, são uma totalidade, uma síntese de exterioridade e interioridade, de consciência e gesto, de ato e expressão, de união entre o espiritual e o corporal.

No relatório da Comissão Internacional sobre Educação para o século XXI enviado à UNESCO (chamado *Educação: um tesouro a descobrir*), comissão presidida por Jacques Delors, pretende-se dar uma resposta, a partir do campo educacional, aos desafios colocados pelas mudanças no estilo de vida do mundo contemporâneo:

> *Cabe à educação a nobre tarefa de suscitar em cada pessoa, segundo suas tradições e suas convicções e com pleno respeito ao pluralismo, esta elevação do pensamento e do espírito em direção ao universal e, em certa medida, à superação de si mesmo! A sobrevivência da humanidade – e a Comissão o diz sem exagero das palavras – depende disso. A educação tem a missão de permitir que todos, sem exceção, tornem frutíferos todos os seus talentos e habilidades criativas, o que significa que cada um possa assumir a responsabilidade de si mesmo e realizar seu projeto pessoal. Revalorizar os aspectos éticos e culturais da educação e, para isso, dar a cada um os meios para entender o outro em sua particularidade e entender o mundo em seu curso caótico em*

> *direção a uma certa unidade. Mas também é necessário começar por compreender-se a si mesmo nessa espécie de jornada interior marcada pelo conhecimento, pela meditação e pelo exercício da autocrítica. Esta mensagem deve orientar toda a reflexão sobre a educação [...].*

Este relatório é baseado em quatro pilares:

- **Aprender a conhecer:** Adquirir uma cultura suficientemente ampla que fixe as bases para uma aprendizagem ao longo da vida, que permita ao indivíduo entender o mundo e o meio que o cerca e desperte seu interesse pelo conhecimento. Para fazer isso, é preciso aprender a aprender.
- **Aprender a fazer:** Está ligado à maneira como ensinar aos alunos seus conhecimentos para enfrentar as situações da vida.
- **Aprender a viver:** Capacita o indivíduo a participar e cooperar com os outros em todas as atividades humanas.
- **Aprender a ser:** Constitui o grande objetivo da educação que participa dos objetivos anteriores, engloba-os, articulá-os e lhes dá unidade. Aprender a ser para conhecer e valorizar a si mesmo e para construir sua própria identidade para agir com crescente capacidade de autonomia, julgamento e responsabilidade pessoal.

Este relatório conclui que educar uma pessoa consiste em desenvolver todo o seu potencial, todas as suas dimensões; mas, como descobrimos já no primeiro capítulo, a inteligência não é unívoca, mas plural, o que significa que a educação tem que estimular a diversidade de formas de inteligência. A educação integral requer atenção personalizada, pois cada ser humano possui habilidades diferentes e nele se destaca uma inteligência ou outra (TORRALBA, 2012b: 301):

> *O desenvolvimento da IES é um elemento fundamental no processo de uma pessoa e tem consequências diretas em outras áreas da aprendizagem. Sem curiosidade, sem inquietude, sem o exercício da imaginação, da percepção e da intuição, os jovens perdem a motivação para aprender e seu desenvolvimento integral é irregular. Privados de autocompreensão e de capacidade de entender os outros, eles acham difícil viver com os vizinhos, em detrimento de seu desenvolvimento social. Como não são capazes de deixar-se levar por um sentimento de espanto e de admiração pela beleza do mundo, da genialidade de artistas, músicos e escritores, eles vivem num deserto cultural e no vazio espiritual.*

A educação da pessoa deve ser integral e afetar os três núcleos da existência: a inteligência emocional, a inteligência racional e a inteligência espiritual. Se não educarmos criativamente a IES, as novas gerações ficarão presas num mundo puramente materialista, instrumentalista e limitado. É importante trabalhar o "pensamento lateral" (esse conceito já é clássico na psicologia da inteligência e da criatividade; é introduzido por Edward de Bono e refere-se à capacidade de encontrar soluções inovadoras e surpreendentes por meio de raciocínios não lineares; é contrário a qualquer convencionalismo). Eduardo Punset, em entrevista a um jornal, disse que "o sistema educacional espanhol é um fracasso por não incluir as emoções" (CORRAL, 2013).

No texto do *Projeto Hara*, desenvolvido pelos Irmãos das Escolas Católicas (La Salle), na província de Valência, propõe-se:

> *A educação integral da pessoa reforça todas as áreas, todos os tipos de inteligência e todas as capacidades humanas. A proposição de valores e a educação das dimensões emocional, imaginativa e simbólica já são educação da interioridade. A educação prepara e capacita a interioridade, preparando-se para a ação, oferecendo campos de decisão, propondo a escolha de acordo com diferentes opções...; mas, sobretudo, porque a educação convida à prática e inicia a tomada de consciência da interioridade.*

A educação da sensibilidade espiritual das novas gerações é um assunto básico e imprescindível (TORRALBA, 2012c: 275) para que elas possam desfrutar de experiências e participar de vivências que todo ser humano é capaz de ter, enquanto o ser humano é dotado de IES.

2 O desafio da educação na infância

O início da formação espiritual de cada criança deve ocorrer na primeira infância, na família, na escola e na nova catequese. Todas as crianças apresentam características que mostram sua IES na infância. O adulto deve evitar o "ainda não" das crianças, um preconceito generalizado na sociedade, justamente porque não se confia nas crianças, nos adolescentes ou nos jovens (STEIN, 2003: 575):

> *Numa criança que não colocou obstáculos ao seu desenvolvimento, podemos contemplar esse livre fluxo da vida. O olhar, os gestos e as palavras espontâneas dessa criança são o espelho de sua alma, ainda não embaçado por nada.*

A educação da espiritualidade nas crianças foi estudada na segunda metade do século XX, com base em pedagogos como Johann Heinrich Pestalozzi (1746-1827), Rudolf Steiner (1861-1925) e Maria Montessori (1870-1952). A criança tem o desejo de saber, de responder não tanto ao "quê" das coisas, mas ao "porquê" e, finalmente, ao "para quê" (STEIN, 1998: 109):

> *No espírito da criança, desde cedo, surgem questões sobre os mistérios da vida. O "porquê" não tem fim enquanto não for levado à fonte de todo ser e de toda verdade, onde a pergunta encontra sua paz.*

Pedagogos, médicos e pediatras dão grande importância à boa educação de bebês e crianças no decurso de 0 a 5 anos, porque nosso cérebro se torna adulto entre 3 e 5 anos (no nascimento pesava 300 gramas e nessas idades já pesa um quilo ou mais (PUNSET, 2011: 104):

> *Aos 5 anos, muitos neurônios tiveram que morrer para o cérebro funcionar normalmente... Essa destruição precoce de neurônios é um fenômeno muito peculiar, certamente relacionado com a necessidade de espaço, com o fato de que a arborização ou ramificação axodendrítica (a ramificação das diferentes partes do neurônio) possa ocorrer e, assim, formar-se um cérebro normal.*

Um ano após o nascimento, o ser humano tem o cérebro em condições ideais para aprender uma linguagem. Os bebês recém-nascidos têm o cérebro pronto para entender a língua que eles falarão no futuro, sabem diferenciar auditivamente entre várias línguas. Aos 6 meses, eles também sabem distinguir observando gestos da boca.

A neurociência está descobrindo que muitos dos distúrbios no gerenciamento das emoções dos adultos estão relacionados com o desenvolvimento do cérebro na infância. A professora Sue Gerhardt, que estudou o cérebro dos bebês, garante que, para ser um adulto independente, é preciso primeiro ser um bebê dependente (PUNSET, 2011: 174-177).

A criança nessas idades não percebe que está aprendendo continuamente, processa a informação externa inconscientemente, sem atenção e sem esforço. É através da observação e da experiência que a criança vai captando todos esses estímulos que se desenvolverão no cérebro. É por isso que é tão importante que o bebê observe e experimente; para a educação da IES, a estimulação e a experiência nessas idades são cruciais para o desenvolvimento do cérebro. É preciso ensinar, amar, conversar, cuidar, relacionar-se. [...] Os pais, professores, catequistas e educadores não ensinam a falar: eles conversam com crianças e as crianças aprendem (PUNSET, 2011: 216):

> *Quando um filho olha para a mãe, ele olha para uma mãe que olha para ele.*

3 O desafio da educação na família

A família, "Igreja doméstica", é um dos principais locais para a educação religiosa; os pais são os primeiros educadores de seus filhos (ALBERICH SOTOMAYOR, 2010; PAGOLA, 1997: 747-748):

> *A recepção da fé depende basicamente do fato de o sujeito ter, desde o início, uma experiência positiva do religioso. [...] A família é, em princípio, o grupo humano com maior capacidade de oferecer uma experiência positiva, alegre e agradável da vida e também do religioso [...]. Nenhum grupo humano pode competir com a família na hora de poder oferecer à criança a "base religiosa e de valores" num clima de afeto.*

Uma das chaves é a educação na família; os pais devem agir como tais e não como colegas. Os professores devem atuar como professores e não como amigos; os catequistas são os que acompanham espiritualmente e não são os mestres da fé. A criança nascida numa família nunca é uma propriedade ou posse dos pais, nem um objeto de desejo; ela é um sujeito de direitos e um novo ser humano diante da história, que precisa crescer, desenvolver-se e encher de sentido sua vida e a humanidade.

A família-comunidade, como Emmanuel Mounier afirma muito bem, é uma "pessoa de pessoas", o que implica que cada um de seus membros descobre os outros como pessoas e os trata como tais (VÁZQUEZ BORAU, 2013: 15). A família é o primeiro lugar no qual se trabalha o "despertar pessoas", é o lugar em que confluem a vida interior e a vida coletiva.

Hoje, contra as técnicas de sedução e manipulação do ambiente cultural, os educadores devem oferecer às crianças, adolescentes e jovens uma sólida formação da inteligência. A educação da IES na catequese tem a oportunidade de revelar o sentido da vida (FULLAT GENÍS, 1992: 145-166; FRANKL, 2004), a formação cultural, a formação espiritual e a vida interior. Mas isso não é alcançado sem o trabalho dos adultos. A maturidade afetiva e moral é um processo longo e complexo que precisa da ajuda e monitoramento dos educadores. Ser pai ou mãe é um trabalho de período integral; é importante buscar a profundidade na relação com os filhos. Os tempos de relação são muito curtos, é preciso impregnar-se de qualidade no relacionamento: o carinho, a estabilidade, a fixação de limites, a oferta de critérios sobre o bem e o mal: tudo isso ajuda.

4 O desafio da educação na inteligência emocional

O espírito e as emoções, as práticas e os sentimentos religiosos são termos que se misturam. Por esse motivo, ao falar sobre a IES, também falamos implicitamente sobre os outros termos. A educação emocional fornece um conhecimento de si mesmo e das próprias emoções e desenvolve a capacidade de identificar as emoções dos outros e de poder entendê-las.

A IE ajuda a produzir sentimentos de bem-estar, de felicidade, de senso de humor e recursos para superar a frustração. As habilidades emocionais ajudam a viver uma vida mais intensa, permitem descobrir, amar e praticar o silêncio, habilidades que discutiremos em seções seguintes. Os conceitos de autocontrole, autoestima e autoconceito são elementos básicos para trabalhar com Deus e aprender a evitar conflitos com os outros. Eles ajudam a desenvolver uma personalidade equilibrada.

M.J. Figueroa Íñiguez (2012b: 29) escreve:

> As competências espirituais e emocionais tornam a pessoa capaz de assumir responsabilidades. Elas levam o sujeito a conhecer, iniciar e saber como cuidar dos relacionamentos interpessoais. Motivam para ser capaz de superar a si mesmo, ter flexibilidade de pensamentos, normas e comportamentos e querer encontrar a verdade. Ajudam a desenvolver uma sensibilidade especial, a preocupar-se em buscar o sentido da vida, cultivar sua interioridade, alcançar a transcendência e, finalmente, experimentar o sentimento de amor nas mais diversas situações e contextos.

É necessária uma catequese que leve em consideração a IE (ÁVILA BLANCO, 2013: 442).

PROJETO DE INICIAÇÃO À INTELIGÊNCIA ESPIRITUAL NA CATEQUESE

1 PROJETO DE INICIAÇÃO À INTELIGÊNCIA ESPIRITUAL NA CATEQUESE

Vamos começar com a definição de catequese que André Fossion apresenta (DERROITTE & PALMYRE, 2010: 15), um grande catequeta francês:

> *A catequese é uma atividade dialógica, organizada pedagogicamente, que visa ajudar as pessoas e as comunidades a integrar a fé e a vivê-la em suas diferentes dimensões. Por isso,* **a catequese está a serviço da fé, de seu despertar, de seu amadurecimento ou de seu aprofundamento**. *Ela não tem o poder de transmitir a fé, mas seu papel é garantir que todas as condições – cognitivas, racionais, comunitárias, ambientais etc. – a tornem possível, compreensível e desejável.*

Nesse sentido, assume-se que a catequese não transmite a fé tratando-a como magia, mas que a catequese está a serviço da fé. Portanto, a fé não é uma adesão a uma doutrina, nem o compromisso com uma filosofia de vida, nem a vinculação a um sistema filosófico.

A fé é um relacionamento íntimo, pessoal e intransferível com o Mistério profundo que anima e sustenta todos os seres. Crer é apostar, no nosso caso, aderir a Cristo e se colocar nas mãos Dele. A fé nunca será uma dedução racional, nem o resultado de uma argumentação lógica. "Não acho que a fé seja fácil. Eu sei que é obscura. Eu sei, vejo que a maioria dos meus contemporâneos – e os mais ilustres – não participa. E isso é uma dor constante, embora não seja motivo para duvidar, pelo menos para mim" (GUITTON, 2004: 145).

Precisamos, portanto, de mediações humanas para conseguir despertar a fé, ajudar seu amadurecimento e seu aprofundamento. Para isso, a Igreja Católica tem suas intervenções na vida das pessoas para trabalhá-las: essas mediações são chamadas processos de fé. A iniciação cristã é um destes processos e o que nós propomos para a Iniciação à Inteligência Espiritual Cristã.

2 LINHAS DE BASE DO PROCESSO DE FÉ

Aqui estão algumas linhas básicas possíveis para o projeto de Iniciação à IES:

1. O início da IES é o ponto de partida reservado à experiência humana.
2. A educação da fé deve ser integral, cobrindo todos os aspectos da realidade pessoal.
3. O lugar apropriado da iniciação à IES é a comunidade cristã: origem, local e objetivo de todo processo de fé.
4. A iniciação à IES deve afirmar a identidade cristã como uma fidelidade a Deus, paixão pela figura de Jesus e amor ao ser humano.
5. A iniciação à IES deve ser concebida como um processo, respeitando a idade dos usuários, a formação cultural de cada um deles e a integração em seu ambiente.
6. A Igreja reconhece, sabe e proclama que o paradigma de todo cristão é o processo catecumenal.
7. A iniciação à IES deve reconhecer que o conteúdo e o fundamento de nossa fé é o Evangelho de Jesus, lido pela comunidade cristã através dos séculos.
8. A iniciação à IES deve recuperar as linguagens esquecidas e perdidas ao longo da história da humanidade, e não apenas concentrar-se na linguagem doutrinária.

3 ETAPAS DA EDUCAÇÃO NA INTELIGÊNCIA ESPIRITUAL

É uma pena que a Igreja dos primeiros tempos tenha perdido o catecumenato. Urs Von Balthasar o resumiu numa frase: "O grande erro da Igreja foi o batismo de crianças". Hoje é necessário e urgente inserir processos de fé nas paróquias, escolas e outros espaços.

O itinerário que oferecemos consiste em criar um processo de fé anterior à iniciação cristã, ou seja, antes de iniciar a catequese preparatória ao Sacramento da Eucaristia. Para isso, partimos da abordagem de "competência espiritual" proposta pelas Escolas Católicas de Madri.

Este processo de iniciação à inteligência espiritual é composto de algumas etapas. Estas etapas se concentram no processo evolutivo da criança ou do adolescente e possuem algumas bases, objetivos, critérios e métodos.

Como imagem gráfica consideramos o exemplo das *matrioskas* das Escolas Católicas de Madri (2008: 13). No processo de crescimento nessas etapas, a subsequente inclui todos os elementos da anterior, ou seja, são etapas que se somam, e a ordem dos fatores altera sim o produto: uma etapa não pode ser iniciada sem ter terminado a anterior.

As etapas do processo da IES são as seguintes:

- A primeira etapa: uma educação na **inteligência espiritual**. Perguntar-se sobre a vida e a busca de sentido.
- A segunda etapa: uma educação na **inteligência espiritual transcendente**. Capacidade de silenciar e ouvir.

- A terceira etapa: uma educação na **inteligência espiritual transcendente religiosa**. O encontro e o diálogo com a sociedade e as outras religiões.
- A quarta etapa: uma educação na **inteligência espiritual transcendente religiosa cristã**. Opção de união com o Deus dos cristãos e o seguimento de Jesus Cristo.

O objetivo desse projeto de iniciação à inteligência espiritual é ajudar a fomentar a capacidade espiritual das crianças antes que comece o processo de iniciação à religião cristã católica; nas palavras de André Fossion: "Ajudar as pessoas e as comunidades a integrar a fé e a vivê-la em suas diferentes dimensões".

O ponto de partida do projeto começa com uma pessoa em *tabula rasa*, ou seja, com a IES adormecida ou não acordada, e o ponto de chegada é a maturidade na IES cristã. Ao final destas etapas, o indivíduo estará preparado para começar o processo de iniciação cristã (o processo catecumenal do Batismo, da Penitência, da Eucaristia e da Confirmação). Podemos afirmar que estamos falando de um projeto pré-catecumenal ou de primeiro anúncio.

4 Considerações às etapas do processo de iniciação

Em primeiro lugar, essas etapas fazem parte de um conjunto global que é a IES; por esse motivo é possível que alguns dos elementos, objetivos e métodos se misturem. O importante é provocar a reflexão do que é considerado o processo evolutivo.

Uma das chaves para ter sucesso na tentativa educacional consiste em contar com o desenvolvimento evolutivo de cada pessoa e aplicá-lo conforme for apropriado. Sobre o assunto das idades, convém destacar três ideias. Num processo normal de aprendizado e amadurecimento, a idade apropriada seria entre 3 e 7 anos; esta é a idade mais importante para despertar a IES. Mas nem por isso descartamos esse processo de iniciação à IES em adolescentes e jovens.

É muito importante preparar bases sólidas e tornar o "terreno" apropriado, semear a semente em crianças e adolescentes, mas também em adultos que desejarem realizar um processo catecumenal – exemplo paradigmático de toda iniciação –, eles deveriam trabalhar estas etapas em outro nível antes de iniciar o processo de iniciação cristã de Adultos.

Nesta parte, propõe-se iniciar a pessoa, ou, neste caso, a criança, numa determinada comunidade de fé: a cristã. Isso fará com que nossa linguagem seja a linguagem "cristã" e os métodos ou maneiras de trabalhar serão manipulados nessa chave cristã. Estamos trabalhando num processo catecumenal e num processo de educação na inteligência espiritual cristã para que se torne muito mais eficaz a iniciação cristã nas paróquias, escolas ou grupos cristãos.

5 Etapas do desenvolvimento espiritual na pessoa

Há etapas sobre o desenvolvimento da espiritualidade na pessoa que devem ser destacadas; para isso, tomamos dos artigos de E. Capdevila na *Revista do Secretariado Interdiocesano de Catequese da Catalunha e Ilhas Baleares*, em 1997, os números que vão de 138 a 148:

- A **etapa de 0 a 3 anos**, na qual a descoberta do eu e do mundo exterior absorve a consciência infantil. A criança deixa o ambiente seguro para acessar o ambiente ao qual precisa se adaptar. É nesta etapa que deve ser formado o sentimento espiritual da criança.

- É na **etapa de 3 a 6 anos** que focamos o despertar religioso. Este ocorre dentro da família crente. Existem algumas chaves nas crianças que devem ser conhecidas e respeitadas: o amor de seus pais é o padrão de seus amores; a linguagem dos pais é a linguagem delas; a paisagem familiar é a paisagem delas, o ambiente que elas percebem é muito limitado; as celebrações de família são suas festas; com seus pais a criança descobrirá a beleza da lua; a oração dos adultos iniciará os pequenos no mundo da oração.

- Essas descobertas podem ser os pontos de partida para uma primeira iniciação no mistério de Deus, que não é apenas um, mas comunidade e relação mútuas (PEDROSA et al., 1999: 2.238-2.242). A catequese se esforçará para trabalhar essas vivências naturais infantis em vivências de expressão de fé, por meio da oração e das celebrações familiares, e também em pequenos grupos paroquiais.

- Na etapa da segunda infância, **dos 7 aos 12 anos**, aparece o elemento escola e ali a criança se encontrará com "os outros". Aprender a conviver na diversidade fará com que a criança cresça e inicie o processo de socialização. A criança está sob a influência da descoberta realista do mundo e dos relacionamentos objetivos. Nesta etapa, é realizada a limpeza do sentimento espiritual pueril. É a etapa das grandes conversões e vocações.

Nesta etapa, a criança é capaz de captar a transcendência de Deus e associa essa imagem entre o bem e o mal, o que pode levar a uma imagem errada de Deus como um juiz cruel. É muito importante nesta idade apresentar Deus como um Pai bondoso e misericordioso. As parábolas evangélicas são de grande ajuda; e é preciso reforçar também a relação de intimidade e proximidade que Jesus mantém com Deus. Incentivar nas crianças a admiração por Jesus, no que Ele faz e no que diz (PEDROSA et al., 1999: 2.238-2.242).

- Na etapa da adolescência e juventude, **dos 12 aos 20 anos**, as mudanças são profundas; no nível espiritual, esta etapa é marcada pela experiência de um Deus pai-mãe. O adolescente-jovem precisa "se identificar com um ser-chave para encontrar-se e fazer-se a si mesmo" (GROMM & GUERREIRO, 1979: 141); neste momento é possível identificar-se com o ideal de Jesus, como um ideal de abertura e intimidade com Deus. Identificado com Jesus, o jovem pode realmente se abrir a Deus Pai e aos irmãos, a partir do âmago do processo de autobusca juvenil, impulsionado pelo Espírito que receberá mais tarde.

O objetivo final de toda a educação da IES é libertar a criança da tendência egocêntrica que governa seus pensamentos, sentimentos e comportamentos. A IES capacita a transcender, ampliar o olhar, abrir-se à realidade, ir além do momento e do eu presente.

6 Problemas atuais na educação

Na tarefa de educação da IES, na infância e adolescência, surgem alguns problemas a serem superados, como a supersaturação da informação e a aceleração da vida cotidiana.

Um dos problemas na sociedade e que afeta a educação dos futuros habitantes é o conceito cunhado por Julián Marías: "infoxicação". Este termo refere-se à supersaturação da informação; essa definição deve levar-nos a refletir sobre a quantidade de desinformação indireta existente na internet, que nada mais é do que ruído informativo. É uma ideia fundamental para entender a sociedade e a educação obrigatória atual. Informação, sim; no entanto, quando cai no excesso, há muita informação, mas pouca sabedoria (MARINA, 2002: 97).

Uma das soluções propostas pelo filósofo Alejandro Llano para esse problema é aprender a selecionar, a diferenciar o útil do supérfluo. E isso exige conhecer bem o que se pretende, quais são os objetivos vitais para se aprofundar nas informações que podem enriquecer o projeto vital. O aprofundamento, de fato, é uma atitude diante da vida. Exige ser sempre a mesma pessoa, ter encontrado um objetivo valioso e estabelecer os meios para seguir essa direção, e isso só pode ser feito se a IES tiver sido trabalhada.

O mais importante não é fazer muitas coisas, multiplicar atividades, mas realizar experiências de qualidade. Somos obcecados por quantidade, número, velocidade e todos esses comportamentos são prejudiciais à qualidade dos processos.

A este jogo se soma a hiperatividade do catequista, professor ou educador, um dos maiores obstáculos à educação de qualidade da vida emocional, social e espiritual das crianças. Para a especialista Gloria Gibert, as chaves para lidar com crianças hiperativas são "a paciência, um ambiente de trabalho calmo e descontraído em pequenos grupos, e uma promoção contínua da autoestima, reforçando os aspectos positivos" (PUNSET, 2011: 208-209).

4

ETAPAS DO PROCESSO DE INICIAÇÃO À INTELIGÊNCIA ESPIRITUAL NA CATEQUESE

1 PRIMEIRA ETAPA: A EDUCAÇÃO DA ESPIRITUALIDADE NA CATEQUESE

Esta primeira etapa visa a busca de sentido na vida. A pessoa descobre o que a configura como tal e deve responder. O espanto diante das situações da vida implica um compromisso com a realidade em que se vive.

Os desafios desse processo educacional consistem em que a criança se faça perguntas profundas sobre a vida e descubra o que é mais importante, o que a molda como pessoa e como ser no mundo. A pessoa se faz a pergunta sobre o que molda sua vida como ser humano e o que é importante para ela.

Nesta etapa, entra em jogo a identificação com os valores e sua hierarquia. É necessário falar sobre os valores, pois partimos da experiência comum de busca de sentido da vida para nos identificarmos com certos valores.

1 | Os objetivos para trabalhar a espiritualidade na catequese

Os objetivos propostos para esta etapa visam fazer com que a pessoa alcance experiências espirituais que servirão de base para as futuras aprendizagens.

- A pessoa deve experimentar capacidades de admiração, espanto, mistério e pergunta. É muito importante saber como identificar as experiências e perguntar-se sobre elas.
- A criança e o adolescente devem aprender a usar as emoções e os sentimentos para canalizar seu crescimento pessoal. É importante o autoconhecimento de sua própria pessoa.

- Na tenra idade é importante praticar o amor à natureza, a admiração pela criação e pelo mundo em que vivem. Silêncio e contemplação são importantes.
- Trabalhar com a criatividade nas expressões plásticas como a arte, dedicar tempo à música, ao seu prazer e conteúdo, serão elementos básicos para trabalhar em etapas posteriores na iniciação à arte litúrgica.
- Desenvolver a capacidade de empatia com diversas pessoas que sofrem injustiças, sofrimentos e dores humanas. Ser tocado pelo sofrimento humano ajuda a criança a integrar sua identidade de "ser no mundo" com as limitações que advêm do "ser".
- A criança e o adolescente devem identificar seus próprios valores e identificar a importância dos valores de outras pessoas com a capacidade de conhecer-se e valorizar-se por meio de suas próprias decisões, sucessos e fracassos.

2 As habilidades para trabalhar a espiritualidade na catequese

O espiritual tem um caráter dinâmico, de caminho e busca, de pergunta infinita; mais importante que a resposta é a pergunta, mais importante do que o caminho é o caminhar. Quando aprimoramos a dimensão espiritual, podemos alcançar uma série de habilidades e capacidades que compõem todo um processo pessoal que deve culminar na experiência religiosa.

O desafio dessa experiência religiosa são as habilidades espirituais que elas proporcionam, no despertar da criança, destrezas que a ajudarão a trabalhar e integrar-se no contexto formado pelo "eu", "o outro", "o cosmos" e "Deus".

A primeira habilidade ou destreza pertence à "sensibilidade". Esta permite perceber a vida a partir de uma visão transcendente. Ser sensível permite receber estímulos desapercebidos para outros, saber reconhecê-los e interpretá-los. Ser capaz de entender esses estímulos e saber como reagir emocionalmente a eles.

A atitude básica dessa capacidade é a percepção; esta responde à estimulação das células cerebrais através de um ou mais dos cinco sentidos, visão, olfato, tato, audição e paladar, que dão uma realidade física ao ambiente. A percepção capacita a pessoa para poder receber, através de todos os sentidos, imagens, sentimentos, emoções, impressões ou sensações para conhecer algo. A percepção ajuda a pessoa a selecionar, organizar e interpretar os estímulos que recebe e dar-lhes significado.

A impressão produzida por esses estímulos externos na pessoa se chama **sensação**, e ela é responsável por coletar todas as informações na consciência.

O objetivo é que a criança esteja atenta ao seu entorno. Para sua vida e os eventos pessoais, é bom que ela conheça e se pergunte sobre as coisas que lhe acontecem (autoconhecimento). Uma leitura da vida cotidiana ajudará a criança a adquirir uma escuta interior e uma harmonia e interdependência.

A "introspecção" ajuda na observação interna dos pensamentos, sentimentos e ações. Está intimamente ligada à inteligência intrapessoal e à IE de Goleman. É a capacidade de se aprofundar em si mesmo e se conhecer, intimamente ligada aos processos psicológicos de autoconhecimento, autoestima e autoconceito. A contemplação é uma atitude básica.

O tema da harmonia com a natureza é básico nesta etapa; os passeios no meio da natureza proporcionam uma sensibilidade especial. Cuidar de tudo aquilo que pertence à ecologia.

3 Os métodos para trabalhar a espiritualidade na catequese

Apresentamos algumas chaves sugestivas para ativar a vida espiritual da criança, ou, em qualquer caso, do adolescente ou do jovem, na primeira etapa do Projeto de Iniciação à Inteligência Espiritual. O que trabalharemos nesta etapa com as crianças também continuará sendo trabalhado em etapas posteriores: como indicamos na introdução deste capítulo, são etapas que somam, se expandem e se completam mutuamente.

- **Trabalhar a atenção e a consciência plena**

Para alcançar o que Viktor Frankl chama de "existência com sentido", em seu trabalho *O homem em busca de sentido*, é necessário desfrutar de total atenção ao que se faz e se vive. Para iniciar a criança na vida espiritual é necessário a prática da atenção e da consciência plena. Incentivar as crianças a questionar suas crenças convencionais é o que Torralba, em seu livro *Inteligência Espiritual*, caracteriza como saber se distanciar para superar qualquer tentação fanática ou fundamentalista.

As pessoas da sociedade de hoje, e especialmente crianças e jovens, vivem num mundo de estímulos informativos e publicitários que elas não conseguem digerir. Uma das chaves para trabalhar a atenção consiste em maximizar o tempo educacional, preenchê-lo com conteúdo e significado, e isso é feito dedicando a máxima atenção. As chaves para essa atenção plena são a escuta atenta e disposta.

Existem quatro tipos de atenção (TORRALBA, 2012a: 220-221):

1. A atenção cósmica que guia a pessoa em direção a todo o universo.
2. A atenção ética que orienta para a outra pessoa e torna suas necessidades visíveis.
3. A atenção interior, que é a que leva a ouvir a voz interior, a voz da consciência.
4. A atenção ao transcendente, que é a atenção ao Absoluto no meio de tudo que é obsoleto, passageiro e perecível.

"Um método para alcançar progressivamente a atenção e a consciência plena das crianças é a meditação chamada, tecnicamente, *Mindfulness*" (TORRALBA, 2012a: 222), que consiste num método de observação direta e ingênua, isenta de crítica e avaliação.

- **Cultivar os valores**

Cultivar os valores é outro dos elementos dos quais se ocupa essa primeira etapa do processo de iniciação à IES. Os valores são um nível ou uma ética de como viver. Os valores marcam o caminho da pessoa, de uma instituição, de uma cultura ou de um país; são elementos-chave no sentimento de identidade.

Entre os valores distinguimos os pessoais, os sociais e os espirituais. Nas pessoas, muitas vezes, eles se misturam. Os valores políticos ou religiosos geralmente estão na categoria de valores sociais. Os valores espirituais são frequentemente usados na categoria do social, embora existam algumas virtudes e valores intimamente relacionados à espiritualidade, como, por exemplo, o cuidado, a atenção, a reverência, a compaixão, a tolerância, o respeito, o perdão ou a humildade, e, para que esses valores sejam espirituais, eles precisam ser praticados.

A educação em valores ajuda a IES a descobrir uma nova linguagem: o silêncio, e percebe que a vida tem um sentido mais profundo e transcendente. Na educação da IES, devemos aprender a olhar para o nosso interior e a criar paz e silêncio: é através do silêncio que podemos conhecer em profundidade quais são os valores que nos moldam como pessoa.

Hoje as religiões têm um papel fundamental na sociedade, devem ajudar os homens a serem mais humanos; a educação das crianças por meio dos valores é um aspecto fundamental na religião cristã. Educar "em valores como a dignidade da pessoa, o sentido da vida, a fidelidade, a interioridade, a comunidade e a transcendência, o mistério e a mística, a experiência do presente e a eternidade e a luta pela justiça. Uma vida de gratuidade, amor e generosidade diante da vida egoísta e do puro comércio hoje tão em moda" (NATAL ÁLVAREZ, 2013). A religião tem o dever e a necessidade de abrir caminhos de liberdade e amor, e de educar nos valores com os quais hoje ninguém educa.

É necessário criar um ambiente familiar que aprimore e desenvolva esses valores, levando em consideração cada caso e cada criança em sua respectiva idade. A transmissão de valores não é realizada através de conteúdos teóricos, mas na comunicação pessoal da pessoa que os experimenta e os traduz em experiências vitais, criando ao mesmo tempo um clima de cultivo e respeito pelos valores que constituem o ser humano como pessoa. Daí a importância de "ser" e da "qualidade" tanto dos pais como dos educadores.

A educação dos valores não é, portanto, uma matéria ou disciplina, mas um processo que acompanha e impregna o conjunto de realidades que compõem o tornar-se pessoa. Isso requer um compromisso, por parte dos pais e educadores, de viver esses valores em seus ambientes e de educar a capacidade para percebê-los, discernimento para escolhê-los, criatividade para expressá-los, liberdade e compromisso para vivenciá-los.

- **Exercitar a capacidade de se surpreender**

Não há dúvida de que a criança, na infância e na fase de crescimento, tem uma capacidade natural de se surpreender. À medida que o tempo passa e a criança cresce, ela vai perdendo essa capacidade. É bom que as crianças não percam essa capacidade durante o processo de amadurecimento, como acontece atualmente com a "infância sequestrada" (um fenômeno que se refere a um tipo de crianças que não ficam mais impressionadas com nada, que sabem de tudo, que não se surpreendem com nada, porque elas supostamente viram tudo e muitas vezes). T. Hart (2013: 87) acrescenta:

> *Não só possuímos uma capacidade inata de espanto, mas esta capacidade é uma necessidade; no entanto, por diferentes razões relacionadas ao medo e ao desejo de controle, nossa sociedade tende a interpretar mal e, consequentemente, a reprimir essa capacidade de admiração, mesmo nas crianças.*

O desenvolvimento da pedagogia da admiração é decisivo no crescimento das crianças. O educado se descobre como um ser capaz de questionar o que ele vive, sente-se capaz de refletir e fazer perguntas. Mas, na etapa de crescimento, ele se vê como o único ser com a necessidade de entender, de compreender, porque é o único ser capaz de ler os sinais e decifrá-los, de entender os sinais e descobrir seu sentido.

▪ Treinar a contemplação

Um elemento necessário nesta etapa é o cultivo da contemplação. A contemplação ativa os sentidos no ser humano. Não consiste apenas em observar, implica mais um grau de penetração em si mesmo. Quando alguém contempla, deixa de estar diante da realidade e passa a perder-se nela.

A contemplação não significa deixar a mente em branco, mas contemplar os pensamentos interiores para controlá-los e dominá-los; dominando esses pensamentos, nós os possuiremos e eles não obscurecerão nossa vida. Para Santa Teresa de Jesus, a oração contemplativa era a busca do nosso interior, porque Deus nos habita e "somos templos do Espírito Santo" (1Cor 3,16). Ela tem uma descrição abundante em seu trabalho *Moradas* (ou *Castelo interior*), numa referência ao interior da pessoa como um castelo com muitos quartos.

Um olhar contemplativo é aquele que atinge a profundidade do real. O teólogo Enrique Martínez (2009: 91-92) nos convida a "saber ver além da superfície, do primeiro plano, percebendo a vida, em sua força, seu valor, sua bondade e sua beleza. Que esse olhar contemplativo nos abra à presença de Deus, a partir do momento em que Deus é a profundidade do real, a vida da vida". E a partir do momento em que nos abrimos para a dimensão de profundidade, na realidade que nos cerca e, acima de tudo, em nós mesmos, estamos nos abrindo para a "presença ignorada" (FRANKL, 1995), mas fonte e origem de toda a realidade, à qual chamamos Deus.

Essa técnica requer tempo, paz interior, um profundo recolhimento e a capacidade de deixar-se surpreender pela realidade. Mas também não está isenta de obstáculos como a dispersão, a velocidade e a superação do ego.

O equilíbrio da vida humana consiste na alternância entre ação e contemplação. A ação pela ação é sem sentido; mas a contemplação pura, quieta, que não se traduz numa ação transformadora, não corresponde à opção por Jesus Cristo.

- **Buscar o gosto pelo silêncio**

O silêncio é de grande importância em nosso mundo atual, o silêncio nos transporta para o Mistério de Deus. Devemos educar as crianças na iniciação ao silêncio. O silêncio pode ser passivo, físico, externo e ativo, interno, silêncio espiritual.

A iniciação ao silêncio precisa de um processo gradual e respeitando o ritmo da criança; entrar na sala na ponta dos pés, o grito do silêncio, bater palmas, visualizar situações, ver pantomimas, a canção que se perde, ouvir sons, relaxamento, são exemplos do uso do silêncio nesta etapa.

A pedagogia do silêncio é uma das alternativas para cultivar a IES. No silêncio, o homem pode se perguntar sobre questões da vida e pode ter experiências que se conectam com a vida espiritual. Nas grandes tradições religiosas, o silêncio tem um fundo muito importante; a partir da meditação, da oração, o homem se conecta com Deus e com o mundo. O silêncio nos permite ouvir, acolher, receber e hospedar a Palavra libertadora.

Educar a criança na linguagem do silêncio é tão importante quanto educá-la na expressão verbal. Ensinar as crianças a calar, a superar a ânsia de falar abre as portas de um interior a ser descoberto. A experiência do silêncio nos primeiros níveis educacionais faz com que as crianças se familiarizem com essa experiência e aprendam a fazer coisas com ela; estamos interessados em aprofundar-nos na oração.

Quando uma pessoa vive plenamente o silêncio, ela tem a possibilidade de entender as complexidades da vida, as fraquezas e potencialidades pessoais.

Aqui está um belo texto de Etty Hillesum (2007: 24-26), uma jovem judia holandesa, morta pelo regime nazista em Auschwitz:

> *Acho que devo fazê-lo: de manhã, antes de começar a trabalhar, "entrar em meu interior", ouvir o que está dentro de mim. Mergulhar em mim mesma. Também pode ser chamado isso de meditar [...]. O ser humano é composto de corpo e alma. E meia hora de ginástica e outra meia hora de "meditação" podem ser a base de um fundamento sólido de tranquilidade e concentração por um dia inteiro [...]. É preciso aprender a fazer isso. Todo o caos pequeno-burguês, tudo o que é supérfluo deveria ser apagado a partir de dentro. Afinal, sempre há muita inquietação sem motivo numa cabeça tão pequena. É verdade que também existem sentimentos e pensamentos que enriquecem e libertam, mas o caos sempre os atravessa. O objetivo da meditação deve ser: tornar-se por dentro uma planície grande e larga, sem um grande matagal que impeça a visão. Que cresça algo de 'Deus' dentro de si mesmo, assim como existe algo de "Deus" na Nona Sinfonia de Beethoven. Que também surja por dentro um pouco de "amor", não um amor de luxo de meia hora no qual mergulhar orgulhosamente graças a alguns sentimentos sublimes, mas um amor com o qual se possa influenciar as pequenas ações diárias.*

No silêncio, nós nos autodescobrimos, vemos claramente nossa vida, o que fazemos e o que não fazemos, a qualidade de nossa existência e o que Deus e o próximo esperam de nós. No caminho do silêncio, grandes coisas se iluminam, o silêncio fala.

- **Cultivar a admiração pela natureza**

O exercício da educação ecológica faz parte da conscientização numa educação ambiental que visa sensibilizar as crianças para o cuidado e o respeito que a natureza merece. Despertar na criança uma atitude de respeito, de admiração e até de reverência em relação à criação e em relação a todos os seres vivos que a integram.

O filósofo Francesc Torralba (2012a: 229) fala da pessoa espiritualmente sensível quando é capaz de detectar a beleza das pequenas coisas e aproveitar o que a realidade lhe oferece. Exemplos como nascer do sol, o orvalho, um rosto na rua, flores amarelas, um pôr do sol, as tranças de uma menina e outros.

Nel Noddings (1929) é um americano feminista, pedagogo e filósofo, conhecido por seu trabalho na filosofia da educação, na pedagogia e na ética do cuidado. Ele propõe que nas escolas deve haver plantas de todos os tipos e seres vivos para melhorar a conexão da criança com a natureza e o senso de respeito e harmonia com a criação.

A experiência da beleza é uma das possibilidades que a vida oferece, mas que só pode ser saboreada pela pessoa que foi educada na contemplação. Franz Kafka dizia: "Os jovens são felizes porque têm a capacidade de ver a beleza. Quem retém a capacidade de ver a beleza nunca envelhece". A educação da IES implica uma consciência ecológica. Respeitar toda forma de vida é um imperativo na construção de um mundo perfeito. A beleza, a bondade e a unidade do mundo levam, antes de tudo, a uma experimentação da natureza.

- **Experimentar a fragilidade da vida**

A experiência da fragilidade e do mistério é outra opção para treinar-se na IES. Diante dos sofrimentos dolorosos da vida, o ser humano se pergunta pelo porquê das coisas. Nas situações limítrofes a IES é ativada.

Ser maduro consiste em ter consciência da própria fragilidade, ser lúcido sobre o que se é e abrir-se ao mistério da transcendência. A vulnerabilidade não é algo estranho ao homem, mas sua integração na pessoa ajuda a viver honestamente com o seu "eu" e com o mundo. Quando alguém percebe que não pode tudo e que o infortúnio ou o inesperado podem chegar a qualquer momento à sua vida, a IES é mobilizada.

É bom falar sobre a morte com as crianças; elas têm isso em mente e querem saber o que ela é e o que se pode esperar depois dela. Essa é a questão do sentido da vida. No período de 2 a 6 anos, a criança constrói lentamente a noção do eu, do outro e da alternância entre presença e ausência, e a questão da morte entra como uma força externa que irrompe aleatoriamente no indivíduo.

Para muitas crianças e jovens de nosso ambiente cultural a morte é ocultada, e essa atitude produz uma falta de integração da concepção da vida em sua mente e uma falta de honestidade intelectual. A criança, da mesma forma que se faz perguntas sobre todas as coisas que ela vive e experimenta, também se interroga sobre a morte e o além. Ela precisa de imagens, ícones e sinais visíveis para ter uma ideia do que acontecerá após a morte. Portanto, trata-se de não mentir para as crianças sobre o conceito finito da morte.

A pedagoga María José Figueroa (2012a: 131) adverte-nos que "enfrentar a experiência da morte implica um equilíbrio entre as emoções, a reflexão e a ação que uma criança de 6 anos ainda não está pronta para assumir. Educar para a aceitação da morte é um trabalho de prevenção que dá à criança mais recursos para assumir e superar a ausência de um ente querido".

Da mesma forma que a morte, a presença da doença causa uma alteração na vida emocional, social e espiritual das crianças. A doença provoca um processo de introspecção pessoal e causa uma experiência de fratura e ruptura do próprio corpo. A doença da criança é uma oportunidade para desenvolver a educação da IES.

- **Cantar e ouvir música**

Outra maneira de estimular a IES é através do deleite musical e do canto cooperativo. A música desperta a emoção e estimula a inteligência intrapessoal. O cultivo da inteligência musical excita o sentido do mistério e de pertencimento ao Todo. "É um antídoto poderoso para o instinto individualista e egocêntrico" (TORRALBA, 2012a: 229). Cantar é a melhor expressão humana de nossa espiritualidade.

A música tem a qualidade de expressar sensações, situações de alegria, de dor. Para Kandinsky (1989: 65) é a expressão do seu mundo interior. Salvador Pániker (ESPADA, 2013) declarou numa entrevista a um jornal: "Eu não sou ateu porque existe a música de Bach". A música é uma linguagem universal com um poder expressivo que muitas vezes chega aonde a palavra sozinha não alcança.

A *Sacrosanctum Concilium*, primeiro documento do Concílio Vaticano II, declara:

> *A ação litúrgica recebe uma forma mais elevada quando os Ofícios divinos são celebrados com cantos e neles intervêm os ministros sacros e o povo participa ativamente (SC, n. 113).*

Nas celebrações religiosas, o canto é usado como uma atitude interior que expressa as ideias e os sentimentos, as atitudes e os desejos que alguém carrega dentro de si. Música e canto fornecem certos valores que enriquecem a IES.

Na liturgia, o canto tem uma função clara: expressa nossa postura diante de Deus, seja de louvor, de ação de graças ou de petição, e mostra nossa sintonia com a comunidade e o com mistério que celebramos. Quando cantamos com as crianças, mostramos, de maneira plena e perfeita, a união da comunidade cristã que, junta, se reúne para dar graças a Deus. A fé cristã não é individualista, é comunitária; e o canto é um dos melhores sinais do sentir comum.

Um dos valores do canto é o de criar um clima festivo e solene, quer seja expressando com mais delicadeza a oração ou fomentando a unidade. "Nada mais festivo e mais agradável nas celebrações sagradas do que uma assembleia que, toda inteira, expresse sua fé e sua misericórdia através do canto" (MS, n. 16).

Nas celebrações litúrgicas, o canto e a música se tornam um sinal eficaz, um sacramento de um evento interior. Deus fala e a comunidade responde com fé e com atitudes de louvor. O canto é um verdadeiro "sacramento", que não apenas expressa os sentimentos íntimos, mas os realiza e os faz acontecer. A música dá às celebrações um aspecto lírico e festivo que precisa da magia de seus sons, da pureza da melodia, da riqueza da harmonia e provoca emoção.

2 SEGUNDA ETAPA: A EDUCAÇÃO DA TRANSCENDÊNCIA NA CATEQUESE

Nesta segunda etapa, tentamos responder às perguntas que foram levantadas na etapa anterior. O homem tem a capacidade de se perguntar, uma parte de seu "ser humano" permite que ele se faça essas perguntas e com isso entende que existe uma realidade transcendente acima dele. A capacidade de ser humano o faz ir além e transcender.

É a etapa de dar resposta à pergunta que não tem resposta: o Mistério. Há coisas que escapam ao intelecto do ser humano e isso deve ser assumido e, acima de tudo, internalizado. Nesse processo educacional, o importante é **escutar e silenciar**: a transcendência é vivenciada através destes elementos.

A maneira de ajudar as crianças a se abrirem para a transcendência, ou para o mundo espiritual, consiste em revelar-lhes a transcendência deste mundo ou a realidade em que vivem, em ajudá-las a viver e conhecer valores transcendentes, como a fé, o amor, a esperança, o sacrifício ou a comunidade. Muitas vezes elas estão vivendo esses valores, mas não sabem disso porque não estão preparadas para vê-los.

1 Os objetivos para trabalhar a transcendência na catequese

Na etapa da descoberta da transcendência, devem ser assumidos todos os objetivos anteriores e ser adicionados os seguintes:

- O indivíduo deve identificar e conhecer a experiência de transcendência e a que esse conhecimento o pode levar, e integrar essa experiência na vida como mais um dos elementos que compõem a pessoa, como podem ser sua antropologia, sua ética ou sua visão de mundo.

- O conhecer, diferenciar e valorizar as diferentes experiências que as pessoas têm sobre o Mistério faz a criança evoluir em sua capacidade de transcendência.

- Proporcionar a prática de técnicas como a meditação ou a oração faz parte desta etapa evolutiva do nosso processo.

- Descobrir que a pessoa não é feita apenas de propostas materialistas e consumistas, mas que existem coisas na vida que escapam à compreensão humana. Equilibrar tensões entre o imanente e o transcendente, para o próprio desenvolvimento pessoal e comunitário.
- A criança e o adolescente devem racionalizar sua experiência de Mistério e integrá-lo à sua vida como aquilo que afeta e ultrapassa seus limites. Ler a realidade cotidiana a partir desse ângulo e diferenciar quais são as emoções que afetam a pessoa momentaneamente ou aquilo que é a base da sua própria vida.

2 | As habilidades para trabalhar a transcendência na catequese

As habilidades no campo da transcendência correspondem às capacidades de ir além do puramente material e visível aos olhos. A pessoa deve observar que o homem pode ter uma percepção muito mais elevada de si e do mundo. Essa habilidade nos permite descobrir a presença de Deus dentro de nós, entender que a morte não é o fim.

A chave nesta etapa está na "sensibilidade espiritual" e esta consiste em despertar emoções e sentimentos transcendentes. Essa habilidade traz respeito a si mesmo (seu corpo), aos outros e à natureza; ajuda a trabalhar um sentimento de agradecimento interior e pessoal pela família, pelos amigos e pela criação.

Essa capacidade habilita para transcender o eu e chegar aos outros, tentando entender o que está oculto em seu interior. O egocentrismo é superado e leva a uma vida interior cheia de sentido para transcender a imortalidade com Deus. A atitude básica dessa habilidade é o sentir, e a palavra-chave é Deus.

O conceito antropológico é a descoberta de um universo desconhecido e invisível, que a mensagem cristã chama de Deus criador. Outra chave é associar os fenômenos da natureza e a força da criação a Deus.

Descobrir Deus nas realidades humanas pode levar a criança a entender a mensagem de que Deus está sempre ao seu lado. Toda a beleza do exterior pode nos ajudar nessa tarefa. A natureza e a beleza da vida são elementos que podem expressar Deus.

É nessa habilidade que se pode trabalhar com o conceito de Deus e com as mensagens que vêm dele. A criança deve aprender a perceber Deus nas pequenas coisas. A mensagem cristã nesta primeira etapa do processo de iniciação à IES é: o Deus que está sempre a teu lado.

Nessa habilidade, o objetivo da criança é aprender a sentir Deus no silêncio, na solidão de si mesma; a interiorização de vivências pessoais é importante, pois através delas se pode entender que Deus lhe fala em seu interior. É neste momento que surge o tema da oração. O teólogo Andrés Torres (1991: 91) fala da oração como "um alívio, uma busca de contato com Deus, de proclamar seu amor e de agradecer sua proteção e grandeza".

A atitude básica é ouvir e a palavra-chave é o interior. A mensagem antropológica da pessoa é que o indivíduo possa ser ciente de seus pensamentos mais profundos.

3 | Os métodos para trabalhar a transcendência na catequese

Vamos analisar algumas chaves para o trabalho da IES nesta etapa da transcendência.

- **Treinar para o mistério**

Quando alguém é sensível à ideia de mistério, ele percebe que a realidade é mais do que aquilo que ele percebe e desperta nele o desejo do conhecimento, a curiosidade de descobrir o oculto e o misterioso. Albert Einstein (2009: 34) já citava: "A experiência mais bonita que temos ao nosso alcance é o mistério".

É benéfico para as crianças adquirir o sentido do mistério, perceber os limites do ser humano e entender os múltiplos caminhos para acessar a realidade. Francis Collins (2007: 228-229) diz:

> *A ciência não basta para responder a todas as questões importantes [...]. O sentido da vida humana, a realidade de Deus, a possibilidade de uma vida após a morte e muitas outras questões espirituais estão fora do escopo do método científico [...]. A ciência não é o único caminho do conhecimento. A visão espiritual do mundo oferece outro caminho para encontrar a verdade.*

- **Praticar a meditação**

A prática da meditação é mais um dos elementos básicos da IES; a partir dos diferentes significados que a palavra tem e da maneira como é usada, o objetivo fundamental é alcançar a tranquilidade da alma, a paz dos sentidos e do corpo, o silêncio interior e a integração total na natureza.

Atualmente, a meditação é uma prática que está emergindo com grande força nos países ocidentais. Estão sendo descobertos os benefícios mentais, emocionais, físicos e também sociais e espirituais da prática da meditação.

Não se deve confundir meditação com outra atividade, como pensar, refletir ou avaliar. A meditação consiste em conseguir que o fluxo de pensamentos me leve ao bem-estar; requer domínio das emoções e sentimentos. A meditação é uma das poucas coisas que não podem ser feitas rapidamente.

Com a meditação, exercitamos e curamos o corpo, a mente e o espírito. Tornamo-nos mais conscientes de cada parte do nosso corpo, controlamos nossa respiração, acalmamos nossa mente, ouvimos o silêncio, exploramos os recantos e limites de nossa interioridade, e, assim por diante, até sentirmos desejos de unidade infinita e a presença tangencial do fundamento último da existência.

O filósofo catalão Francesc Torralba (2012a: 216), no livro da IES para crianças, afirma que é bom praticar a meditação zen com as crianças:

> *Por experiência, posso afirmar que a vi praticada com sucesso em diferentes instituições educacionais formais, tanto públicas como privadas, tanto confessionais como seculares. Ela oferece uma técnica de autocontrole que leva ao domínio da corrente descontrolada da associação, o que contribui para direcionar e frear a vida interior com sua enxurrada de sensações, pensamentos e impressões fragmentárias que se sucedem sem interrupção.*

■ **Praticar a solidão e a serenidade**

A serenidade é uma experiência que deveria estar presente na vida espiritual e emocional da criança, do adolescente e do jovem, e só é alcançada com a prática assídua da solidão; é a condição de possibilidade de um bom aprendizado e de uma boa concentração. Separar-se do barulho mundano e focar na solidão e no silêncio de si mesmo ajuda o equilíbrio da pessoa.

Muitas vezes, o vazio interior leva a sociedade a se mover descontroladamente de um lugar para outro. Quando uma pessoa reconhece a solidão como amiga, o trato consigo mesma se torna costume e uma segunda natureza (KIERKEGAARD, 2006: 80). Na solidão, a pessoa toma consciência de si mesma e descobre seus pensamentos, os sentimentos, os comportamentos e motivações profundas que a movem.

Existem dois tipos de solidão: a procurada e a forçada. A solidão procurada é boa, mas a forçada pode se tornar melhor se for cultivada adequadamente. Na solidão forçada, começa a funcionar o mecanismo que acalma o espírito e exige a prática do desapego e do desprendimento. Quando alguém quer ter tudo ligado e sob controle, perde a serenidade que o desapego dá. Viver o desapego dos objetos, das pessoas e dos cargos, relativizar tudo o que é relativo e viver os elos da distância emocional é o que dá valor à vida.

■ **Velar pela criação**

O mundo em que vivemos deve nos ajudar a sermos mais pessoas e mais felizes, é um presente do qual posso desfrutar ao máximo, mas cuidando dele como se fosse a coisa mais preciosa que eu possa ter. É sempre bom lembrar que é um mundo para si mesmo e para os outros, para ser compartilhado e desfrutado entre todos.

■ **Descobrir o espiritual na arte**

A descoberta do espiritual na arte afirma a manifestação espiritual do artista. O espiritual está oculto na obra, na pintura, na escultura, na arquitetura e em toda manifestação de quem possibilita uma obra (KANDINSKY, 1989: 56). O belo e o sagrado estão no mesmo nível de absolutidade e personificação (VÁSQUEZ BORAU, 2010: 91-97).

De acordo com Viktor Frankl, uma maneira de dar sentido à vida é através da criação ou produção de uma obra de arte, porque o artista expressa seu mundo e sua IES. "A arte é a linguagem que fala à alma das coisas que para ela significam o pão diário, e que só podem ser obtidas dessa maneira" (KANDINSKY, 1989: 76).

Na arte religiosa cristã existem muitas amostras artísticas da integração da fé, da cultura e da vida. "A fé que se tornou cultura através da arte religiosa exige uma explicação a partir da fé" (GINEL, 1993: 209). Os lugares artísticos religiosos são arte e fé.

É importante que saibamos educar as crianças nesse sentido: se acreditamos que arte é espiritualidade, ela também será fé. A acolhida e a admiração fazem parte do papel dos cristãos, guardiões de todo o patrimônio, e é urgente tirar proveito disso para a educação na IES.

- **Aprender a avaliar o passado**

Deve-se incentivar nas crianças a capacidade de avaliar o passado e desfrutar intensamente o agora. A análise e a avaliação do passado, do vivido e experimentado, ajuda os educados a analisar as oportunidades e perspectivas futuras e predispõe a viver intensamente a vida, tirando dela o máximo proveito.

Ter a história em mente nos ajuda a não cair nos mesmos erros do passado. Deus aparece na história dos homens; é preciso saber dar marcha a ré, revendo o que não foi favorável a fim de melhorá-lo. O método da revisão de vida (ver, julgar e agir) ajuda a pessoa a avaliar um fato, dar-lhe análise, julgar a situação e obter um novo comportamento.

3 TERCEIRA ETAPA: A EDUCAÇÃO DA RELIGIOSIDADE NA CATEQUESE

Esta é a etapa de canalizar humanamente as perguntas e respostas que foram feitas nas duas etapas anteriores. A religião é uma dimensão da existência do homem. Durante todas as épocas da história da humanidade, existiram as religiões, elas fazem parte da estrutura das pessoas. O *homo religiosus*, ao longo dos séculos, mostra que a religião faz parte da existência do próprio ser e não pode descolar-se.

O estudioso do fato religioso e da história das religiões, Mircea Eliade (1998: 149-150), afirma que o indivíduo arreligioso em sua forma mais pura é um fenômeno raro: "A maioria das pessoas 'sem religião' continua se comportando religiosamente sem saber".

É difícil provar se Deus existe ou não, mas os homens precisam de plataformas nas quais possam se encontrar e conversar com o Absoluto sobre essa experiência. Portanto, as religiões são propostas humanas para a pessoa.

Nesta etapa, compartilha-se a própria experiência espiritual com outras pessoas, sentindo-se membro da comunidade religiosa à qual pertence e com a qual se identifica. Consiste na capacidade da pessoa de compartilhar sua própria experiência espiritual com outras pessoas, sentindo-se membro de um grupo com o qual se identifica e junto ao qual manifesta sua religiosidade.

Todas as religiões ou formas transcendentes de humanidade partem de um Absoluto ou de uma realidade suprema última: Brahman na tradição hindu, Dharma, Dharmakaya ou Nirvana na tradição budista, Tao ou Tien/Céu na tradição chinesa. E, embora as três religiões monoteístas tenham algumas diferenças, todas elas acessam o único Deus de Abraão (judaísmo, islamismo e cristianismo têm alguns elementos básicos comuns para sua fé: o primeiro elemento é a fé num só Deus, o Deus de Abraão; o segundo elemento é ter uma visão da história orientada para uma meta, a história universal da salvação; o terceiro elemento é a Revelação, escrita nos textos sagrados de cada religião;

e o quarto e último é uma ética fundamental baseada na fé no Deus único, nos mandamentos como expressão da vontade de Deus).

As religiões são uma proposta humanizadora para a pessoa, sabendo que marcam um caminho, certas normas a serem cumpridas, uma maneira de relacionar-nos com os outros e com Deus. Essa dimensão inclui o ser humano, que, confessando-se como crente, se "religa" a uma manifestação religiosa com as peculiaridades próprias de cada uma delas.

1 Os objetivos para trabalhar a religiosidade na catequese

Incluindo todos os objetivos das etapas anteriores, nesta acrescentamos alguns exclusivos que são os seguintes:

- A criança deve conhecer o fato religioso e reconhecer que durante a história da humanidade este fato moldou as pessoas e suas histórias.
- Descobrir e identificar as diferentes religiões, seus processos e propostas, ajudará a pessoa a ser tolerante com o outro e a saber como expressar suas ideias e experiências do transcendente, ajustando-as a uma sensibilidade.
- Entender as respostas dadas pelas diferentes religiões às perguntas da pessoa sobre sua existência e o significado que ela tem e que ela lhe pode dar. O diálogo é essencial nesta etapa: desenvolver a capacidade de abertura mental, fonte para evitar fundamentalismos.
- A criança e o adolescente devem compreender, entender e situar as manifestações religiosas na arte, na música, na literatura, para que depois possa entender que, em cada religião, existem alguns rituais que devem ser respeitados e valorizados.
- Estudar e compartilhar experiências de oração das diferentes confissões religiosas e integrar como normal a contemplação com o ambiente natural e sua valorização.
- Capacitar a pergunta sobre as religiões implica respeitar, conhecer e valorizar diferentes opções, como a agnóstica e a ateia. Conhecer, situar e saber sobre suas experiências ajuda a respeitar as outras pessoas e a valorizar o que se acredita e pratica.

2 As habilidades para trabalhar a religiosidade na catequese

A capacidade de amar é uma habilidade que ajuda a despertar o sentimento de amor que todos os seres humanos trazem em seu interior. O sentimento de amar as pessoas é também amar a criação e ajudar a desenvolver uma consciência ecológica. O desenvolvimento dessa habilidade leva à entrega e a valorizar a importância dos sentimentos na vida das pessoas e em seus relacionamentos. Assim, os sentimentos de felicidade, alegria e gratidão vêm dela.

A valorização dessa capacidade é uma prioridade para os cristãos: Deus nos pede para amar nossos semelhantes. Mas não é possível amar se o indivíduo não sentiu esse sentimento; portanto, é uma prioridade que a criança desde tenra idade receba mostras de carinho e amor para crescer com essa vontade de amar seus concidadãos. A mensagem antropológica seria colocar amor nas coisas que se faz.

Outra das principais habilidades na etapa religiosa da IES é o diálogo; é prioritária uma atitude aberta ao confronto dialético com o diferente, aceitando concepções diferentes da minha. A atitude de escuta atenta e empática ajuda o encontro com o outro.

3 | Os métodos para trabalhar a religiosidade na catequese

Aqui estão algumas chaves para trabalhar na iniciação esta terceira etapa do processo evolutivo em direção a uma educação para a IES.

- **Educar para a formação de grupos**

A antropologia cristã nos diz que a pessoa é social e aberta à comunicação; ela se realiza como pessoa na medida em que se relaciona. O "eu" é humanizado na medida em que se abre ao diálogo com o "tu". Precisamos do grupo, da comunidade para amadurecer e crescer.

A pessoa precisa do olhar do "outro", do carinho da família. O "outro" nos deixa "ser" porque ele nos olha e nos nomeia. Precisamos pertencer para poder reconhecer nossa existência. Nós somos porque interagimos. A experiência da vida em comum palpita por todos os poros da pele do homem (e especialmente da criança que estamos educando). A religião nos "religa" aos outros quando compartilhamos algumas ideias comuns e uma mesma transcendência, especialmente na cristã, que nos torna todos filhos de um mesmo Deus e cria um sentimento de pertencimento, ao tornar-nos todos seres humanos iguais.

Educar na dimensão da IES é ensinar a transformar nosso individualismo num movimento de pertencimento à comunidade humana a partir do compromisso com ela. Para isso precisamos trabalhar em grupo, pequena comunidade, como uma visualização de nossa pequena comunidade de crentes.

Alguns passos significativos nesse sentido são:

- Sentir-se convocado, com outras pessoas, a fazer um caminho, sabendo que o grupo se constrói dia a dia.
- Perceber o que são e significam as pequenas comunidades de crentes.
- Descobrir a especificidade do grupo e seu amadurecimento na fé.
- Saber que o grupo se destina a determinado projeto formativo.
- Fazer do grupo parte da minha própria vida.

- Deixar que os irmãos do grupo entrem na minha vida, a partir da fraternidade.
- Aprender a andar com as limitações e falhas que dependem da condição humana.
- Encontrar-se com a comunidade cristã de adultos.
- Discernir e criar um projeto de vida pessoal e comunitário.

A formação do grupo visa satisfazer as necessidades vitais da criança: a necessidade afetiva de amar e ser amada. A descoberta de que a criatividade ou produtividade brotam melhor de mãos compartilhadas. A necessidade de se sentir útil. A necessidade de dar sentido à sua vida e à vida dos outros. A necessidade de liberdade na responsabilidade. A capacidade de mostrar-se como se é: transparente, espontâneo e autêntico.

O ato catequético é realizado no grupo de catequese por ser uma imagem da vida comunitária (DGC, n. 76). O grupo catequético e a catequese em grupo são uma expressão da iniciação à comunidade de crentes e é, ao mesmo tempo, um requisito da catequese.

- **Treinar para a fraternidade universal**

Trabalhar para que as crianças reconheçam que todas as pessoas e todos os seres vivos estão conectados numa grande rede de vida, numa fraternidade cósmica, que, além disso, deve ser solidária, é uma das tarefas da iniciação na educação da IES.

O educado deve saber que não há nada que existe apenas para si, tudo se limita com o outro e se apoia num contexto mais amplo: tudo está unido e relacionado. Nesta existência, vive-se num relacionamento triplo: com a natureza, com o mundo histórico e consigo mesmo. Portanto, a educação na IES deve romper a visão unidimensional e errônea da autonomia pessoal. O novo paradigma exige o reconhecimento da interdependência e o senso de solidariedade cósmica.

O materialismo, o funcionalismo e o consumismo levam as pessoas a uma devastação da natureza e a uma perda da fraternidade cósmica com todos os seres.

- **Cultivar o exercício de filosofar**

A necessidade de cultivar o exercício da filosofia é mais um dos estímulos necessários para a capacidade da IES. Não se refere apenas à atividade filosófica do conhecimento, mas à do ser mais íntimo. Quando uma criança raciocina, discute, deduz e induz, ela se conhece mais e aprende a se distanciar da realidade, a transcender o material e a formular para si perguntas cruciais sobre o sentido de sua existência. Aristóteles afirmava que "a filosofia decorre da capacidade do homem de se surpreender". O francês André Comte-Sponville (2004: 192) diz que "filosofar é aprender a se desapegar: não se nasce livre, mas se chega a ser livre e nunca se acaba de chegar a ser livre".

O homem é um ser que constantemente se pergunta e caminha ao longo de sua existência, passando de espanto à reflexão. Somos filósofos por natureza e as perguntas que os homens foram se fazendo ao longo da história sobre sua existência não nascem da simples curiosidade científica, destinada a aumentar seu saber ou seu conhecimento, mas partem dos problemas antropológicos do homem (TIERNO, 2011: 147-150).

Antigamente, o filosofar era exercitar-se na arte de viver, isto é, viver consciente e livremente. Para filosofar é necessário a interrogação, a capacidade de perguntar, de questionar tudo, de não suprimir nem censurar nada, por mais diferente ou estranho que seja. "Kant nos mostra que a crítica é inerente à filosofia, que filosofar é criticar; mas, acima de tudo, submeter-se à crítica" (TORRALBA, 2013: 23).

Conforme descreve Torralba (2013: 34), o filosofar é um "hóspede inquieto", "um despertador mental que nos salva da inércia da razão, da tendência a percorrer os mesmos lugares e a circular pelos mesmos territórios". É um estímulo intelectual e um companheiro que nos leva ao pensamento e, dessa maneira, nos ajuda a ganhar autonomia e tornar-nos adultos.

Não se trata de apresentar tópicos de filosofia para que as crianças possam entendê-los; o objetivo do exercício de filosofar é que as crianças liberem seus pensamentos, ordenem seus argumentos e expressem corretamente o que sentem, pensam e imaginam. Elas vão se perguntar sobre sua mente, sobre o que é a realidade, o que é justo e por que devemos ser justos.

Filosofar com crianças ativa a IES, mas também as outras inteligências propostas por Howard Gardner e Daniel Goleman. O filosofar permite conceitos básicos da vida, tais como: os valores da verdade, da realidade, do ser, da beleza, do bem e do mal, da ordem e da unidade.

- **Desenvolver a capacidade de amar**

Aprender a amar a si mesmo e aos outros é a tarefa mais importante da vida. Abrir seus olhos e o coração para o amor dos outros talvez seja a melhor escola da vida. O desenvolvimento da capacidade de amar leva a criança a valorizar a importância dos sentimentos e a experimentar emoções de felicidade, alegria e gratidão relacionadas ao amor. O amor usa a empatia, a solidariedade e o altruísmo para alcançar seus fins. Educar no amor é descobrir como o amor infinito é recebido dos pais, daqueles que rodeiam a criança e de Deus.

- **Exercitar a solidariedade e a compaixão**

O exercício da solidariedade pertence ao âmbito da IES. Quando alguém pratica a solidariedade, ele o faz porque se sente unido ao outro, às suas dores e sofrimentos. Esse carisma proporciona a superação de barreiras étnicas e culturais para se abrir ao mundo. Note-se que ser solidário não consiste em dar uma contribuição econômica sem mais; implica uma desapropriação do ego e a superação da dualidade. A solidariedade é sair de si, querer para os outros o que eu quero para mim.

A própria palavra solidariedade descreve sentimentos, comportamentos, compaixão, fraternidade, generosidade e comprometimento, ou seja, amplia o "eu individual" para o âmbito do "nós".

A compaixão é uma disposição do indivíduo que deseja que seus semelhantes se libertem do sofrimento, o que está intimamente ligado a um compromisso ativo para ajudá-los nessa tarefa. É um sentimento, mas também uma ação responsável. A estimulação da compaixão na criança predispõe a trabalhar com as três inteligências mencionadas nos capítulos anteriores: a inteligência espiritual (IES), a inteligência intrapessoal ou emocional (IE) e a inteligência interpessoal ou social (IS). A IES predispõe a pessoa a se unir aos outros, a IE a expressar e a canalizar suas emoções para o bem da outra, e a IS permite estabelecer relacionamentos com as outras pessoas.

O sentimento nos torna verdadeiros seres humanos, e o sentido da compaixão nasce da experiência da unidade radical com o resto dos seres do universo e da superação do egocentrismo. O homem se sente unido ao destino, à sorte e ao infortúnio dos outros.

- **Praticar o diálogo socrático**

O cultivo do "diálogo socrático" (método descrito por Platão nos diálogos socráticos, no qual a dialética ou demonstração lógica é debatida e usada para investigar ou procurar novas ideias ou conceitos). Os professores antigos ensinavam seus alunos a partir de um diálogo aberto com o outro. Os grandes mestres espirituais conversavam com seus discípulos através do diálogo: Confúcio, Buda, Jesus, Sócrates etc.

Dialogar é abrir-se para o outro, é aprender a modificar os comportamentos, a retificar opiniões, se for necessário. É, em suma, um trabalho espiritual que transcende as palavras, os gestos e os silêncios; é uma busca da verdade. No diálogo, é preciso conhecer-se a si mesmo para responder ao outro.

Nesse diálogo, é bom "fazer teologia" com as crianças, investigar que visão elas têm de Deus, que imagens de Deus elas desenham em seus cérebros e em que Deus acreditam as outras religiões. Essa será uma das chaves que condicionará o futuro da maturidade na espiritualidade e na religiosidade do adulto.

É importante "fazer teologia" e falar sobre o Deus diferente nas diferentes religiões; caso contrário, é impossível entender a arte, a história, a filosofia, a literatura ou as construções arquitetônicas ou pictóricas.

"Fazer teologia" com as crianças não consiste em iniciá-las em uma comunidade religiosa de fé, mas em questionar, dialogar e aprender umas com as outras e capacitá-las a uma abertura mental, porque elas estão abertas à dimensão espiritual e transcendente.

- **Exercitar a prática da gratidão**

Ensinar a criança, ao adolescente e ao jovem a agradecerem os presentes ou favores que recebem dos outros e de Deus é uma prática educacional da IES. Só é capaz de praticar a gratidão aquele que está consciente do quanto recebeu dos outros, de seus pais, de seus professores, das instituições, da vida, da natureza e de Deus.

Aprender a agradecer não é apenas aprender uma palavra, mas aprender a reconhecer o valor das ações dos outros. As pessoas, devido ao seu *status* de "seres sociais" no mundo, recebem continuamente dos outros, e é necessário abrir os olhos para esse dom e vivê-lo com alegria. Sabendo que o criador de tudo nos dá tudo sem pedir nada em troca. Aprender a olhar o mundo com olhos agradecidos é a tarefa da IES.

4 QUARTA ETAPA: A EDUCAÇÃO PARA A RELIGIÃO CRISTÃ NA CATEQUESE

Nesta última etapa do processo de iniciação na espiritualidade, a chave está focada em oferecer diretrizes voltadas para a religião cristã. Essas bases ajudarão o processo de iniciação cristã.

Para o projeto de educação na IES, todas as etapas anteriores têm sua razão de ser na proposta cristã. Cristo é o caminho que nos leva à união com o Mistério, isto é, Deus.

1 Os objetivos para trabalhar a religião cristã na catequese

Nesta última etapa da educação na religião cristã, destacamos os seguintes objetivos:

- Depurar todos os ídolos e fetiches errados da imagem de Deus e conhecer que estrutura o cristianismo mantém em relação à sua vivência atual.
- Praticar, situar e desenvolver os valores da religião cristã tais como a paz, a justiça e todos os elementos que surgem das bem-aventuranças.
- Obter experiências fundamentais que tocam o coração das crianças, de modo que sua crença no cristianismo não parta de obrigações ou cumprimentos de uma moral ou ética imposta, mas de uma convicção certa e convencida de adesão a Jesus Cristo.
- Ser capaz de entender, compreender, situar e experimentar as narrativas bíblicas não como histórias verdadeiras ou uma sucessão de dados históricos, mas como experiências de Deus em pessoas específicas. Descartar qualquer tipo de magia e superstição.
- Iniciar as crianças aos símbolos religiosos e à arte da liturgia, sabendo que através dela as pessoas celebram os mistérios divinos que estão além do alcance das mãos do homem.
- Como nas etapas anteriores, o silêncio, a contemplação e a meditação são bons; é preciso praticar a oração para fortalecer o relacionamento entre Deus e a pessoa sobre a qual falamos anteriormente.

2 As habilidades para trabalhar a religião cristã na catequese

Nesta etapa, é preciso dar atenção à capacidade da busca da verdade. Esta se refere à capacidade do homem para o mistério e a busca de respostas, à preocupação com a investigação, à abordagem de questões relacionadas com a fé, com o sentido da vida, com a transcendência, respondendo ao interesse por alcançar a verdade.

A atitude básica é o interesse por saber. Esse é o espírito crítico e investigativo do homem. A palavra-chave desta etapa é o conhecimento do Deus de Jesus Cristo. A mensagem antropológica é o desejo de descobrir e conhecer. A mensagem cristã é: "A verdade vos libertará" (Jo 8,32). A busca da verdade leva o homem a interrogações cada vez mais complexas sobre a vida, o cosmos e Deus.

3 Os métodos para trabalhar a religião cristã na catequese

Algumas chaves para o trabalho pastoral.

■ **A iniciação às experiências**

A educação na IES deve oferecer experiências de salvação às crianças que procuram. Emilio Alberich (2009: 9) observa que, na catequese, o mais importante não é comunicar noções ou doutrinas, mas experiências. Portanto, para anunciar a mensagem da salvação, a coisa mais decisiva é oferecer e experimentar experiências convincentes de salvação. Aqui estão algumas experiências que a oração deve proporcionar:

- A **experiência de oração** é central para a vida, missão e ensino de Jesus. A criança é capaz e tem a facilidade de orar e sentir falta da oração, se já teve experiência dela. É necessário apresentar às crianças a oração evangélica, pois a infância é a melhor idade para conhecerem o Pai de maneira experiencial.

- A **experiência de contato com o Absoluto** é a chave para que nasça na criança a relação com Deus Pai. A oração visa aprofundar, consolidar e aumentar essa experiência de encontro; pouco a pouco, a criança deve chegar a sentir-se protagonista desse relacionamento pessoal com Deus. Ele tem um nome, a criança fala com Deus e se inicia um relacionamento pessoal agradável, confiante, positivo, de crescimento.

- A **experiência de encontro com Jesus Cristo** é o cerne da experiência espiritual religiosa cristã. As crianças acolhem a figura de Jesus com admiração, simpatia e carinho, sentem-se queridas, amadas e valorizadas por Ele. O exercício do encontro com Jesus Cristo como o amigo que nunca falha fortalece a experiência de amizade.

- A **experiência comunitária**: A criança sente-se convidada a participar de sua comunidade; a experiência de sentir-se acolhida pelo grupo e o testemunho de fraternidade da comunidade cristã são fundamentais. A criança precisa ver e se sentir dentro da comunidade cristã, experiência comunitária. A família atual não é capaz de realizar essa tarefa; portanto, o campo educacional religioso e o paroquial devem criar plataformas e implementar as ações necessárias para tornar visível a comunidade cristã. A oração comunitária é uma plataforma para experimentar a festa e a vida que Jesus Cristo traz para todos.

- A **experiência de bênção**: Bênção significa "dizer bem" do outro, de si mesmo ou do próprio Deus. É o campo da gratuidade e da gratidão nascidas do sentir-se amado, abençoado, acolhido e protegido por alguém. A bênção é o presente que Deus concede aos homens para se sentirem amados e é preciso convidar a criança a se sentir parte desse presente e a viver sua graça. Na bênção se recebe a ternura e o perdão de Deus, uma experiência de comunicação e confiança com o Pai.

- A **experiência de autoestima** é fundamental na infância; a criança precisa se sentir amada e valorizada, saber que as pessoas contam com ela. Hoje, a falta de autoestima é uma das falhas importantes da vida eclesial, embora não deva ser uma autoestima narcísica. Sentir-se amado por um Pai que está além das coisas terrenas proporciona uma experiência de chamado vocacional para Ele. A pessoa vai se entendendo como um filho querido por Deus Pai e convocado a uma importante missão a favor dos outros, como fazem as pessoas boas.

A iniciação aos símbolos religiosos

A vida dos homens é cheia de ações simbólicas. Nossas atitudes expressam alegria, felicidade, gratidão, tristeza; também nossos gestos, troca de abraços, beijos, carícias, entregas de presentes, apertos de mão, entre outros.

Também na vida religiosa há celebrações "simbólicas" que expressam muito mais do que aquilo que é comemorado; pensemos nas celebrações de casamento, nos aniversários, nos funerais, e outros. A essas atividades damos o nome de rituais porque carregam um componente importante de gestos simbólicos, realizados numa certa ordem, lógica e códigos estipulados pela Igreja Universal.

Os bispos espanhóis, no documento *A catequese da comunidade*, afirmam:

> *O caráter transcendente do mistério de Deus e da salvação confere à pedagogia catequética o caráter de ser uma pedagogia dos sinais (CC, n. 216).*

E eles continuam dizendo:

> *A pedagogia dos sinais usará, com vantagem, o método indutivo [...]. Consiste na apresentação de fatos (acontecimentos bíblicos, atos litúrgicos, a vida da Igreja e a vida cotidiana), considerando-os e examinando-os cuidadosamente, a fim de descobrir neles o significado que eles podem ter no mistério cristão (CC, n. 218).*

A **linguagem simbólica na iniciação à IES** é um elemento da realidade material que torna presente uma realidade imaterial. Por exemplo, o buquê de flores que recebemos de alguém que nos ama nos apresenta seu amor, seu carinho. O que ele simboliza é muito maior, mais profundo do que o elemento material usado.

O símbolo é uma maneira cativante, poética e transcendente de expressar emoções, sentimentos, ciências, realidades que não podemos expressar com palavras. Produz ressonâncias em nosso interior. O mesmo símbolo pode ter o mesmo significado ou um significado diferente para pessoas diferentes.

Tomemos o exemplo da foice: nas mãos do ceifador é um instrumento de trabalho; nas mãos de um manifestante é um símbolo do trabalho; nas mãos de um escultor, torna-se uma asa para um anjo; numa bandeira e, associada a um martelo, representa a bandeira da antiga União Soviética.

O símbolo constitui, na vida de todas as pessoas (como discutiremos quando falarmos sobre a narrativa na Bíblia e na iniciação litúrgica), uma das linguagens mais expressivas e adequadas para a comunicação humana e cristã. Por isso, o início da educação na IES adquire grande importância. Dispensá-lo constitui um empobrecimento porque afeta a própria finalidade.

Qualquer celebração humana recolhe símbolos e gestos simples da vida cotidiana: o bolo de aniversário, uns drinques que dois amigos tomam ao se reencontrar, dentre outros, todos são símbolos que dão sentido à vida simbólica – perdão pela redundância – do homem.

O mesmo acontece no nível religioso: o homem precisa de ações e símbolos que lhe recordem a experiência religiosa. A luz das velas em plena luz do dia não serve para iluminar, mas para lembrar Jesus Cristo, luz das nações; o pão da Eucaristia não serve para alimentar-nos, mas para lembrar nossa fé; as procissões das celebrações não servem para ir de um lugar para outro, mas têm seu significado próprio etc.

A criança deve crescer familiarizada com os símbolos religiosos básicos e transcendentais de todo cristão. O objetivo final é internalizar esses símbolos.

São os objetos da vida cotidiana: a cruz, a água, o óleo, a luz – elementos básicos e de grande importância na experiência dos primeiros anos. Reconhecer a igreja ou a capela como um local de oração e encontro com Jesus. Esses símbolos devem falar por si mesmos. Para que um objeto religioso seja um símbolo é necessário dar-lhe existência, consistência num todo, mostrá-lo, e que a comunidade cristã o compreenda.

É importante que as crianças observem e aprendam a descobrir as referências religiosas de seu ambiente e a respeitar os símbolos e sinais religiosos de qualquer religião, instituição e grupo.

■ **A iniciação à liturgia**

O termo liturgia provém etimologicamente do grego λειτουργια (leitourguia), que significa "serviço público", expressão que literalmente significa "trabalho do povo", composta por λαος (laós) = povo e εργον (érgon) = trabalho, obra. O termo latino é liturgia ("liturgia").

O homem vive imerso em muitas cerimônias cuidadas com perfeição, para que possam ser vividas com emoção e sentimento. Lembremos as cerimônias militares, os desfiles nos Jogos Olímpicos, o acender a tocha olímpica, os desfiles de modelos, o minuto de silêncio diante de uma catástrofe, o hasteamento de uma bandeira ou os programas de competições culinárias na televisão. Estes gestos implicam uma celebração, algumas normas e uma liturgia. A liturgia é uma arte em ação. A ação litúrgica da Igreja quer tornar presente, vislumbrar, contemplar e manifestar Deus na história das pessoas.

Os bispos franceses (MARTÍNEZ et al., 2005: 37-84) insistem com seus paroquianos sobre a importância da liturgia como local de encontro com o Mistério:

> *A liturgia é o lugar onde a Igreja experimenta, em toda a sua riqueza, a fé em que está estabelecida. A liturgia é, acima de tudo, o lugar vivo de iniciação: com a linguagem da beleza, das atitudes, dos movimentos, dos gestos e das palavras que dão vida, ajuda a descobrir que toda ação e toda palavra de Cristo se cumpriram para nossa salvação. Por este caminho de experiência, a liturgia introduz no mistério da Páscoa. E o principal local onde o mistério da Páscoa está inscrito neste mundo é o Sacramento da Eucaristia.*

Vamos deter-nos no que significa o ritual na vida dos homens. Todos nós precisamos de ritos. O homem social é rito. Todo comportamento humano tem sua origem no ritual. A vida das pessoas é feita de pequenos gestos, ações que enriquecem a subsistência: um abraço, uma carícia, um beijo, regar a rosa para que cresça.

O pediatra e psicanalista Winnicott nos fala sobre o "objeto de transição" (uma boneca, um brinquedo, um pedaço de cobertor, uma chupeta etc.): é o objeto que se empresta ao bebê para passar da presença calorosa de seus pais para a solidão pessoal. O rito é um itinerário para outro lugar, para um estado de identidade pessoal.

Santo Agostinho disse que a Eucaristia "vem a ser aquilo que se recebe". As ações, atitudes e palavras da assembleia formam, na celebração litúrgica, o Corpo místico de Cristo que oferece ao Pai o sacrifício de ação de graças de seu Filho, unindo sua oferta a dele e comungando dela.

Hoje, vendo os seminários e casas de formação das congregações religiosas, seria necessário fazer a pergunta: Por que os jovens religiosos, religiosas e sacerdotes gostam tanto da liturgia? Uma parte da resposta é muito simples e corresponde à arte corporal, e a outra a uma admiração por tudo o que é artístico e belo na religião.

A liturgia cristã pode cair em dois erros: o primeiro é confundir os sacramentos e as ações litúrgicas com magia, esoterismo e superstição; o outro perigo é cair no automatismo e na rotina das celebrações, com um formalismo rubricista vazio e banal. A liturgia ocidental quis racionalizar demais a oração eclesial, dando demasiada importância aos textos e pouca às ações e aos símbolos.

Aqui estão algumas chaves para a iniciação litúrgica:

1 Educar na arte da liturgia

Esta é mais uma das chaves da educação na IES. Segundo o professor de liturgia Luís Maldonado (1999: 132): "A ação litúrgica é uma linguagem multimídia e interativa, de tipo simbólico e lúdico, que introduz numa experiência estética religiosa a diferença na qual os vínculos do cotidiano são rompidos e o fiel tem acesso à alteridade do Sagrado. A iniciação das crianças à liturgia é uma prioridade (JULIÀ & PLANTÉS, 1989). Torna-se hoje mais patente a sentença de McLuhan: "o meio é a mensagem".

A iniciação das crianças à liturgia tem quatro características:

1. **Progressiva:** A iniciação deve ser evolutiva, das coisas mais simples às realidades mais inexplicáveis.
2. **Baseada na fé** e não no raciocínio: Trata-se do mistério da fé e não de coisas que a razão pode descrever.
3. **Dinâmica:** Não se trata de uma lição ou de falar sobre ideias, mas de um aprendizado, ativo e orante.
4. **Concreta:** A liturgia não é para ser ouvida, pensada ou seguida, é para ser participada e vivida; o que conta é a experiência da vida.

O *Diretório Geral para a Catequese* afirma:

> *A catequese é intrinsecamente ligada com toda a ação litúrgica e sacramental. Muitas vezes, porém, a praxe catequética apresenta uma ligação fraca e fragmentária com a liturgia: atenção limitada aos sinais e ritos litúrgicos, pouca valorização das fontes litúrgicas, percursos catequéticos que pouco ou nada têm a ver com o ano litúrgico, presença marginal de celebrações nos itinerários da catequese (DGC, n. 30).*

E continua:

> *A catequese litúrgica, que prepara aos sacramentos e favorece uma compreensão e uma experiência mais profunda da liturgia. Ela explica o conteúdo das orações, o sentido dos gestos e dos sinais, educa à participação ativa, à contemplação e ao silêncio. Deve ser considerada como uma eminente forma de catequese (DGC, n. 71).*

É importante que a criança aprenda a celebrar com o corpo todo. Deve-se distinguir os diferentes tipos ou modos de oração e os gestos que acompanham o ato litúrgico. Deve-se praticar gestos: ajoelhar-se, ficar em pé, inclinar-se, mãos abertas, rosto no chão, diante das lembranças e presenças. A liturgia não quer padronizar nem confundir a criança; pretende-se que, com o corpo e a expressão corporal, ela possa louvar a Deus e entrar no Mistério de sua presença.

A liturgia celebrativa pede que o que é dito seja feito, e seja feito com gestos e atitudes "com nobre simplicidade" (SC, n. 34). Ou seja, não apenas sejam feitos alguns gestos, mas que estes gestos estejam cheios de significado interior. Precisamos dos cinco sentidos para a nossa liturgia: visão, audição, olfato, tato e paladar.

O *Ordenação Geral do Missal Romano* observa a importância do corpo nas celebrações:

> *A postura corporal a ser adotada por todos os que participam da celebração é um sinal da unidade dos membros da comunidade cristã [...] expressa e encoraja, ao mesmo tempo, a unanimidade de todos os participantes (OGMR , n. 42).*

2 | Os sinais e gestos são vitais na comunicação humana

Os gestos impressionam mais do que as palavras; o gesto pode ajudar a melhorar o estado interior. Jesus foi o grande gesto de Deus para a história da humanidade.

O gesto é importante na iniciação das crianças à IES, é muito mais significativo que a palavra. As crianças, especialmente as pequenas, precisam de muito mais gestos para se expressar. A iniciação à IES deve garantir que as crianças vivam com autenticidade e sinceridade os gestos religiosos que elas fazem, para que correspondam ao seu interior. Gestos como ajoelhar-se, ficar em pé, inclinar-se, mãos abertas, rosto no chão, pretendem fazer com que, através do corpo e da expressão corporal, as crianças possam louvar a Deus e entrar no Mistério de sua presença.

As posturas são importantes nas celebrações litúrgicas. Santo Agostinho dizia que "rezamos em pé porque é um sinal de ressurreição".

- Estar de pé é uma atitude importante em nossas celebrações.
- Sentar-se, estar em uma posição de descanso e quietude, não significa não fazer nada, mas muito pelo contrário: o sentar-se confortavelmente é para ouvir a Palavra de Deus, para rezar e contemplar o Mistério.
- Ajoelhar-se era uma tradição que começou na Idade Média como um símbolo de penitência e, posteriormente, de adoração aos reis; por isso, quando se ergue Jesus no pão consagrado, adoramos nosso rei, Jesus Cristo, o Senhor.

Também é necessário educar as crianças nos gestos rituais breves.

- Benzer-se é um gesto que recorda o batismo, quando pela primeira vez fizeram o sinal da cruz sobre nós.
- Persignar-se antes do Evangelho na testa para que a Palavra penetre em nossa inteligência, na boca para que possamos proclamá-la e no peito e sobre o coração para que a amemos.
- Olhar primeiro para a hóstia e o cálice consagrado: símbolo de respeito, antes de adorá-los com uma inclinação, ao mesmo tempo em que o padre se inclina.

- A oração de *Pai-nosso* com toda a assembleia, com os braços abertos para cima, dimensão vertical, para depois, com o abraço da paz, executar uma ação horizontal.
- O gesto de paz de Cristo: é bom lembrar que as pessoas não dão a sua paz, mas a paz de Cristo, a paz que o Senhor deu a seus discípulos na noite da Páscoa (Jo 14,27).
- A inclinação profunda, ou simples, é uma ação que faz o corpo participar da oração.
- A genuflexão é um símbolo de adoração ao Senhor Jesus, como se fazia antigamente diante dos reis e seus vassalos.

Igualmente importantes são os movimentos nas celebrações:

- A procissão de entrada: todos vão encontrar-se com Jesus Cristo, que os convocou e reuniu em torno de seu altar.
- A procissão com o livro sagrado pode marcar o início da liturgia da Palavra de Deus.
- A procissão das ofertas indica a apresentação da ação de graças ao Pai e com elas a nossa oferta.
- A procissão da comunhão significa a participação do corpo e sangue de Jesus, unidos numa mesma assembleia de cristãos.

Todos esses gestos, posturas, ações e movimentos são dignos de iniciação das crianças pelos catequistas.

3 Elementos litúrgicos

Os elementos litúrgicos envolvidos na celebração são de vital importância e devem ser conhecidos e explicados progressivamente: o altar, o assento do presidente da celebração, o ambão, o local da animação, o cálice, a patena, o cibório, as velas, a cruz, as vestes litúrgicas, as cores litúrgicas, o fogo, as flores, o incenso, as campainhas entre outros.

4 A beleza da liturgia

Observar a beleza da liturgia. Assim como uma boa orquestra interpreta uma partitura harmoniosamente, a liturgia pretende interpretar os escritos dos livros oficiais. É a aplicação de uma arte, a arte celebrativa, a uma assembleia, com um ritmo adequado, um tempo para tudo e com uma harmonia e uma beleza dignas do mistério que é celebrado.

Del Valle (2012: 131-143) afirma que a beleza na liturgia "não é que apareçam nela muitas obras de arte ou belas produções. A beleza da liturgia reside na própria ação litúrgica, pois trata-se do prolongamento das obras salvíficas de Jesus". E ele continua afirmando: "A liturgia é tanto mais bonita quanto mais ela deixar transparecer e produzir os efeitos das ações de Jesus naqueles que dela participam. Dessa forma, beleza e liturgia compartilham uma série de efeitos: alegria, transformação, experiência de ordem (harmonia)".

5 A celebração como ação de graças

As crianças na iniciação litúrgica são integradas na oração da comunidade, e por isso toda iniciação à IES deve estar impregnada de celebração. A celebração tem um caráter festivo: celebrar é agradecer a própria vida, é gozar e desfrutar a história compartilhada. Celebra-se o que é compartilhado com os outros. As festas são o melhor exemplo experiencial para viver o sentido da vida; observemos como os pequenos se deleitam em preparar seu aniversário ou como os mais velhos festejam seus aniversários. Para o catequeta italiano Enzo Biemmi (2013: 61) as celebrações litúrgicas fazem parte da vida principal do catequizado e não podem ser substituídas pelo compromisso cristão, diz ele:

> *Nossa catequese situa o sacramento depois de um caminho, que assume a característica de obrigatoriedade, e depois o conecta com as exigências e compromissos que devem ser observados. Se essa é a lógica subjacente, estamos impedindo de viver o momento da celebração como um dom, porque o fazemos depender do compromisso anterior e inibimos sua força transformadora, porque pretendemos determinar a vida de graça que o sacramento concede viver. Nunca devemos esquecer que aquilo que é celebrado no sacramento é sempre muito mais do que o compromisso solicitado anteriormente e muito mais do que aquilo que determinamos que deve ser cumprido depois.*

A celebração no contexto religioso é de real importância: são celebradas as ações realizadas pelo indivíduo, pelo grupo e por Deus. Devemos começar a valorizar ações simbólicas que são uma expressão da vida de fé.

Mediante a participação ativa numa celebração, a criança aprende a assumir uma responsabilidade no exercício da mesma; portanto, devemos garantir que as crianças vivam os gestos religiosos que fazem e ensinar-lhes que esses gestos correspondem a atitudes internas.

As crianças não podem participar de uma celebração da Eucaristia se antes não lhes for explicado detalhadamente o que é comemorado. Todo gesto litúrgico usado nas celebrações e vivido intensamente pelas crianças ajudará de maneira muito especial a estabelecer uma comunicação profunda e autêntica com Deus Pai.

Nesta etapa da iniciação à IES, existem elementos muito importantes, tais como: a Palavra de Deus, o grupo, a comunidade ou assembleia, o motivo da celebração, o gesto sacramental, um clima festivo, a oração e o compromisso pessoal e comunitário.

- **A iniciação ao sacramento da reconciliação**

Na realidade das crianças existem inúmeras situações de conflito nas quais o adulto precisa intervir; saber pedir perdão e perdoar garantem um desenvolvimento na IES. Cultivar a reconciliação é aprender a perdoar.

Em situações de raiva ou briga, que são comuns em crianças, é interessante que a criança perceba e sinta de uma maneira especial que, quando alguém fica zangado com os outros, rompe-se a harmonia, a amizade e o afeto, e a pessoa se sente triste. Dessa forma, também é importante que ela experimente a alegria da reconciliação, o retorno à amizade e ao carinho. A arma mais poderosa contra o mal que alguém nos faz é o perdão.

Aprender a pedir desculpas é uma atividade que requer o gerenciamento de certas habilidades emocionais que devem ser fornecidas ao sujeito. Aprender a perdoar traz empatia e habilidade no comportamento interpessoal, na negociação e na resolução de conflitos.

No Sacramento da Reconciliação, a criança descobre a presença de Deus, Pai que ama e sempre perdoa, inclusive a ela, e que a convida a fazer as pazes. Educar na reconciliação é uma maneira de experimentar a misericórdia e o perdão de Deus.

Para o psiquiatra Robert Cloninger, a IES abrangeria "a capacidade de transcendência do ser humano, o senso do sagrado ou dos comportamentos virtuosos que são exclusivamente humanos, como o perdão, a gratidão, a humildade ou a compaixão".

A IES gera a consciência cósmica ou relacional, que consiste em sentir-se parte de uma unidade com todos os seres humanos e não humanos. "O cultivo dela me liberta da prisão do ego, rompe as fronteiras entre o que eu sou e o que me separa do mundo, num movimento de perdão, de generosidade, de entrega, de desapego e amor".

- **A iniciação à narrativa e às Escrituras Sagradas**

Narrar é comunicar com palavras uma história real ou fictícia, tentando fazer com que, pela entonação da voz, pelo gesto, pela atitude, pelos silêncios, ela atraia a atenção dos ouvintes, penetre em cada uma das pessoas e provoque sentimentos, expressões e atitudes que de alguma forma emergem de sua própria vida.

A narrativa da fé está vivendo hoje um momento feliz e contagia todas as ciências humanas: a filosofia, a psicologia, a psicanálise, a história, a sociologia, a pedagogia, as ciências da formação etc. (EQUIPE EUROPEIA DE CATEQUESE, 2011: 6). A fé é uma história de relatos, a *Dei Verbum* indica que a história de Deus foi realizada através de "gestos e palavras".

Durante toda a história da humanidade surgiram questões metafísicas sobre a origem, a totalidade e o sentido da vida. Tentou-se tratar com uma linguagem narrativa todas aquelas questões às quais a ciência não conseguiu responder. As sabedorias, as religiões e as filosofias tradicionalmente enfrentaram e respondem a essas questões usando uma linguagem mais narrativa do que argumentativa. Usaram o relato simbólico ou o mito para oferecer uma visão do mundo, revelar uma realidade, proporcionar ou construir uma imagem gráfica de um mundo com sentido.

A iniciação na IES deve optar por uma pedagogia narrativa, que coloque a pessoa numa relação viva com o Senhor através de histórias. O próprio processo pelo qual o testemunho dos evangelhos chegou até nós é um bom exemplo disso. "A fé é narrativa porque nasce de um evento, de sua memória permanente, de seu relato ininterrupto. A entrada na fé só pode ser feita através de um processo que atualize este relato e permita que ele seja vivenciado. A catequese oferece as palavras deste relato, extraídas principalmente das Escrituras. A Igreja é o lugar onde a narrativa do amor de Deus e o relato vivo de sua graça são acolhidos" (EQUIPE EUROPEIA DE CATEQUESE, 2011: 13).

A linguagem narrativa se concentra nas emoções, na imaginação e nas intuições, se expressa criando símbolos e metáforas e deixa de lado tudo o que se relaciona com o racional e o argumentado. A neurociência descobriu que a linguagem narrativa está associada aos centros de linguagem do hemisfério cerebral direito e em conexão com outras regiões do cérebro. Através dessa linguagem, a pessoa ordena experiências e constrói a realidade. Neste trabalho de síntese não estão excluídos os objetos difíceis de especificar, como os sonhos, os desejos, as ilusões, a gratuidade, os compromissos, as crenças, a paixão, os erros, o absurdo, as fantasias, e também a memória e o esquecimento, o espaço e o tempo, e o fundamental: a razão, a verdade, a justiça, a esperança e o amor, porque a vida não é só aquilo que é material ou que se pode ter nas mãos.

Destacamos três tipos de narrativas:

- As narrativas bíblicas.
- As narrativas da própria vida.
- As narrativas de mitos, contos e parábolas.

1. **A narrativa de relatos é uma das principais linguagens da Bíblia.** Nela não se conta uma doutrina nem uma fábula, muito menos um conto. É narrada a experiência do amor salvador de Deus, vivida e transmitida pelas testemunhas diretas dos acontecimentos ou pelas pessoas próximas a eles.

   É uma narrativa feita por homens e com linguagem humana, cujo centro é Deus agindo na história dos homens. Graças à narrativa, aquele que ouve e aquele que fala são envolvidos na história contada e podem descobrir que sua própria experiência, sua história pessoal ou sua história coletiva faz parte de um processo iniciado no passado e que encontrará sua plenitude no futuro.

   A narrativa deve ser situada no contexto da História da Salvação como um elo de uma cadeia. Deve-se evitar o subjetivismo, destacando a presença salvadora de Deus, como foi descoberta pelos crentes que a escreveram. Não esqueçamos que comunicar a fé não é transmitir um conhecimento sobre Deus, mas uma experiência pessoal ou comunitária, de encontro com Ele, que deve ser situada no contexto da História da salvação.

   Robert Coles aponta (TORRALBA, 2012a: 180): "As histórias da Bíblia e de outros textos sagrados da humanidade não se reduzem a um mero simbolismo que permite que a vida emocional se expresse. Essas histórias religiosas inspiram literalmente as crianças, incitam seu espírito a desenvolver seus pensamentos e suas fantasias e as ajudam a progredir na maturidade e a se tornar mais reflexivas e ponderadas, mais autoconfiantes".

O catequeta André Dupleix (DERROITTE & PALMYRE, 2010: 164) afirma a respeito das narrativas bíblicas: "o elemento central da formação espiritual é constituído pelo conhecimento das Escrituras e pela constante aproximação a esta fonte de fé que é a Palavra de Deus".

Como diz muito bem o *Texto nacional para a orientação da catequese na França* (CONFERÊNCIA DOS BISPOS DA FRANÇA, 2008: 50): "É necessário deixar que a Palavra de Deus faça seu trabalho. A Palavra de Deus ressoa nas Escrituras. Mas dirige-se aos homens uma Pessoa, antes de apresentar um texto para estudo. A Palavra de Deus é o lugar de uma interação. Devemos abordar o texto bíblico, favorecendo tudo o que possa tornar possível a obra do Espírito Santo no coração de cada um".

Trata-se também de pôr a criança em contato com Deus, de garantir que a criança ouça a Deus (GUITERAS VILANOVA, 1984: 215-218). É necessário que a Palavra de Deus apareça como uma verdadeira "Boa-nova". Desempenham um grande papel aqui a vivência cristã do catequista e a apresentação da mensagem. Kembe Ejiba propõe que narrar Jesus Cristo (DERROITTE, 2010: 186) "sob a árvore da palavra" (um lugar no qual os africanos discutem seus problemas e tentam resolver as diferenças que os membros da comunidade enfrentam; como espaço público de comunicação, discussão e debate, é algo que diz respeito a toda a Igreja universal, embora, em sua particularidade, pareça que diz respeito apenas às Igrejas africanas) convida os catequistas a se envolverem e a explorarem muito mais a análise narrativa, que estuda a maneira como uma história é narrada de modo a introduzir o destinatário no mundo do relato e em sua escala de valores.

Gonzalo Espina (1998: 64-65), em seu trabalho *Como fazer da Bíblia o livro da catequese?*, diz:

> *A experiência humana interroga a Palavra de Deus e se deixa interrogar por ela; a Palavra de Deus responde à experiência humana, a enche de sentido e, por sua vez, a interpela. O resultado esperado dessa inter-relação é a confissão de fé, que se manifesta de três maneiras diferentes e complementares: proclamar e expressar o que se acredita (profissão de fé); contemplar e celebrar a fé (oração e sacramentos) e, finalmente, realizá-la na vida (compromisso). Esta confissão de fé introduz progressivamente o catequizando no seguimento de Cristo, dentro da Igreja.*

2. **A narrativa da própria vida**, a experiência de narrar a própria vida, um evento, uma etapa-chave, uma situação, favorece a consciência pessoal do que nos acontece ou do que nos aconteceu e a possibilidade de uma comunicação autêntica, não teórica, mas vivencial. Ao mesmo tempo, aumenta a capacidade de descobrir a passagem de Deus por nossas vidas, sua ação bondosa e misericordiosa, sua presença em todos os momentos de nossa história pessoal.
Às vezes, as crianças acham difícil contar o que lhes acontece e fazem muitos rodeios sem chegar ao fundamental. Portanto, é necessário que as crianças se situem diante de si mesmas, deem nome ao que lhes acontece.

3. **A narrativa dos contos ou das parábolas** constitui uma forma peculiar de narrativa, que atrai a atenção das crianças de tal maneira que elas podem chegar a identificar-se, de certa maneira, com alguns dos personagens que aparecem e até com a situação narrada.

Os contos são o meio de sedimentação das experiências (RODARI, 2007: 73), que transcendem o âmbito dos indivíduos para acumular-se na história dos povos. Os contos transmitem valores, ideias, e são feitos para ensinar e aprender; daí seu anonimato, sua antiguidade, sua universalidade e sua sociabilidade.

A. Chordi Miranda (2006) lembra que "mais do que demonstrar, justificar ou convencer, os jovens precisam ouvir contos, receber sugestões e ser envolvidos na narrativa de histórias de vida. Será indispensável utilizar gêneros evangélicos como a parábola. A palavra mais do que o conceito, a sugestão mais do que a demonstração. Devemos ser capazes de contar nossa própria história envolvendo a fé. O que é narrado tem um sabor autêntico e é mais crível do que o que foi aprendido, mas não experimentado. O que temos vivido e o que vivemos é o que devemos transmitir".

O escritor Joseph Campbell (1904-1987) foi um mitólogo, escritor e professor norte-americano, mais conhecido por seu trabalho sobre mitologia e religião comparada. Ele argumenta que a história e o mito se conectam com a IES incipiente desenvolvida da criança, e estimulam a questão do sentido e da abertura ao que transcende.
Castro Cavero (2012: 79) acrescenta: "Nos contos **se acumula a sabedoria da comunidade** a fim de ser transmitida; sabedoria que mantém relação com a consciência, com o horizonte onde vão parar os segredos que ajudam a pessoa mais a ser do que a sobreviver. Nos mitos, nos contos, nas fábulas e parábolas, trata-se de empalavrar o mundo, de torná-lo significativo e habitável; para esse fim é feita memória e são transmitidos os saberes que facilitem encarregar-se da realidade ou orientar-se no cosmos".

A criança em tenra idade ainda não separa a ficção da realidade. A narrativa, o conto, a história e a parábola são ferramentas com extraordinário potencial para desenvolver as habilidades da criança, como a imaginação e a memória, mas também sua espiritualidade. "O Credo que professamos juntos todos os domingos contém essas histórias" (BIEMMI, 2013: 111).

Na narrativa, pretende-se um aprendizado catequético. As narrativas ajudam a esclarecer as referências de um tema à vida e à ação, fazem surgir imagens interiores às quais se associam os sentimentos e valores de alguém e se estimula o desenvolvimento da identidade. Constituem uma oferta para que se possa adquirir uma perspectiva pessoal e adotar pontos de vista diferentes do ponto de vista daquele que narra ou conta a história. A narrativa faz a criança ou o adulto se confrontarem com suas próprias experiências existenciais. Portanto, a narrativa não apenas ajuda a autocompreensão, mas também estimula uma transmissão crítica e produtiva das experiências bíblicas cristãs.

- **A iniciação à oração**

A iniciação de crianças, adolescentes e jovens à oração é mais um dos elementos-chave na quarta etapa da educação na IES. A oração é a expressão máxima do amor de Deus pelos homens. A etapa pré-catecumenal é o âmbito certo para iniciar as crianças à oração; devemos despertar o gosto pela oração. A iniciação à oração não consiste tanto em falar de Deus, mas em falar com Deus.

A criança deve crescer na fé com três certezas adquiridas e vividas desde a infância: a grandeza de Deus, o amor de Deus e a necessidade do Absoluto que o ser humano possui. Educar na tomada de consciência da relação com seu Deus marca a necessidade de educar para a oração.

Diferentes formas de oração ajudam a crescer na IES: a oração pessoal ou silenciosa e a oração comunitária. É necessário que as orações que as crianças aprendam no estágio pré-catecumenal lhes sirvam para a vida adulta.

Na prática da oração, isto é, quando "conversamos" com Deus, estamos fazendo o melhor que podemos para alcançar a sabedoria inata do centro do nosso ser, e esta nos coloca em contato com a totalidade da realidade. Quando Ele responde, nós o ouvimos das profundezas do nosso ser. Mas, por esse motivo, "a Palavra de Deus" ou o poder curativo de nossa IES nunca podem ser definitivos. Trata-se de um processo contínuo de comunicação, de um diálogo. "Deus" está sempre mudando. Uma pessoa é crente se reza, se dialoga com Deus, se faz silêncio para ouvir sua Palavra.

A oração é como o exercício de adesão incondicional à autodoação de Deus por meio da palavra, do gesto e do silêncio. E Ernesto Cardenal (1979: 35) afirma, falando da oração, que "Deus está em toda parte, mas só é ouvido no silêncio, e a oração nada mais é do que estabelecer contato com Deus".

Com o aprendizado da oração, podemos cair em alguns erros pedagógicos bastante frequentes: reduzir as orações ao simples aprendizado de memória sem refletir sobre seu sentido profundo; distorcer o sentido da oração; forçar as crianças a rezar quando não estão predispostas; pretender que as crianças rezem ao "estilo adulto".

A memorização, especialmente com as crianças, tem o objetivo de levá-las a obter uma síntese de conhecimentos e a agilizar o cérebro; "o exercício da memória deve ser harmoniosamente integrado com as várias funções do aprendizado" (cf. DGC, n. 154), como a reflexão, o diálogo e a internalização.

Projetos como os "oratórios", que trazem a experiência de Deus para as crianças, são fundamentais. Este projeto começa com o Pe. Gonzalo Carbó nos centros da ordem das Escolas Pias e foi estendido à congregação dos claretianos e a vários colégios e paróquias da geografia espanhola. Abrange diferentes idades e possui materiais específicos publicados pela Equipe de Pastoral da Infância e da Juventude dos Claretianos de Santiago. A missão desses momentos de oração consiste em ouvir e guardar a Palavra na mente e no coração para receber com alegria a missão e o envio de Deus.

CONCLUSÃO

Trabalhar num processo pré-catecumenal de fé

Ao longo dos capítulos desta obra, avaliou-se como a IES cristã é um processo que consiste em despertar o interior adormecido da pessoa. Esse processo é chave na etapa da infância, de 0 a 7 anos, embora não se exclua trabalhar o mesmo processo na adolescência, na juventude ou na idade adulta.

As crianças mostram um alto nível de IES: sempre perguntam e procuram o sentido das coisas, tentam colocar as emoções e os sentimentos naquilo que fazem. É uma pena que a família e a escola respondam às perguntas da infância com desinteresse ou condescendência, porque essa atitude permanecerá na memória afetiva das crianças, consciente e inconscientemente.

Os agentes sociais e a própria sociedade não querem falar sobre fracasso ou morte; tudo o que envolve sofrimento e dor é facilmente escondido da infância. Por outro lado, são questões de primeira ordem na educação e, especialmente, na iniciação à IES. É importante definir que resposta nós cristãos podemos dar às rupturas familiares ou diante da morte e como podemos ajudar a raciocinar e a sentir uma situação de luto ou que acompanhamento lhes oferecer.

- É necessário realizar mudanças radicais nas principais instituições sociais, culturais, educacionais, religiosas e, principalmente, no âmbito catecumenal. As práticas da educação infantil devem incentivar o ensino da criatividade e da espontaneidade nas crianças.

- A educação na IES cristã é urgente e deveria exigir toda a nossa atenção nos âmbitos familiar e educacional através de uma educação integral. É necessário exigir que todas as dimensões da pessoa, habilidades e talentos sejam educados, não apenas aquelas potencialidades que produzem benefícios; o ser humano não é só um ser material, mas também um ser espiritual.

- São necessárias as experiências cristãs de Deus. Na Igreja, a falta de experiência de Deus é preocupante. O cristianismo de hoje precisa retornar ao Evangelho, à escola de Jesus de Nazaré: ser seus "discípulos" novamente.

A pretensão do livro foi apontar algumas ideias, bases ou critérios para trabalhar num processo "pré-catecumenal" de fé, mas a tarefa é mais profunda e interdisciplinar: todos os caminhos são bons se o objetivo for alcançado. A verdade é que as pessoas educadas na IES têm um benefício extraordinário em tudo o que fazem, especialmente em sua sensibilidade e esforço da vontade. Observamos os resultados com a resiliência ou capacidade de superar os problemas e "navegar pelas torrentes" (CYRULNIK, 2006).

- Existe uma longa lista de estudos de diferentes países nos quais se tratam o tema da educação nas escolas, em algumas paróquias e nos centros educativos. Entre os traços fundamentais, destacam-se várias características: experimentar, questionar e explorar, autoconhecimento, desenvolvimento pessoal, capacidade de espanto e admiração, empatia, conhecimento pessoal, valores e aprendizado dos erros.

- O silêncio, a sensibilidade, o autocontrole, a sinceridade, a repetição e o esforço são elementos básicos que nos ajudarão na iniciação à IES, mas não se deve confundir a vida espiritual com a iniciação à fé, à vida cristã ou a uma comunidade religiosa.

- A educação na IES procura prever problemas, resolver situações, imaginar alternativas e planejar o projeto de vida. Portanto, é necessário o cultivo da IES para alcançar uma vida totalmente feliz, sem identificar a felicidade com um prazer momentâneo, uma vez que a felicidade tem a ver com a realização dos projetos pessoais de vida das pessoas, com a realização de seus próprios valores e ideais.

- A educação na IES cristã nos faz olhar para pessoas que nos precederam recentemente e nos deram verdadeiros exemplos de pessoas dotadas de grande espiritualidade – cada um em sua religião – vivendo uma vida apaixonada: Antoni Gaudí, Edith Stein, Dietrich Bonhoeffer, Etty Hillesum, Mahatma Gandhi, Dag Hammarskjold, Martin Luther King, Nelson Mandela, Simone Weil, Teresa de Calcutá, Vicente Ferrer, Aung San Suu, dentre outros. Esses homens e mulheres viveram sua vida centrada, sabendo como se colocar no lugar do outro, conhecendo a si mesmos, conhecendo a realidade, o ser, o humano e o mundo, para transcender tudo.

A aquisição de uma boa educação da IES é alcançada administrando as inteligências emocional, intrapessoal e interpessoal, a fim de integrar o segredo da felicidade na própria pessoa. Tudo isso é um terreno fértil para a iniciação a partir da IES do novo milênio.

REFERÊNCIAS

Documentos oficiais

CONFERENCIA DE LOS OBISPOS DE FRANCIA (2008). *Texto nacional para la orientación de la catequesis en Francia y Principios de organización.* Madrid: CCS.

CONGREGAÇÃO PARA O CLERO (2005). Directorio General de Catequesis. Madri: Edice.

BENTO XVI (2005). *Deus caritas est.*

FRANCISCO (2014). *Evangelii Gaudium.*

PAULO VI (1990). *Evangelii Nuntiandi.*

Autores

ALBERICH SOTOMAYOR, E. (2010). *La familia, ¿lugar de educación en la fe?* Madri: PPC.

_____. E. (2009). *Catequesis evangelizadora* – Manual de catequética fundamental. Madri, CCS.

_____."¿Qué salvación tenemos que anunciar?" *Catequistas*, 207.

ALEMANY, C. (ed.) (2001). *14 aprendizajes vitales.* Bilbao: Desclée de Brouwer.

ANTUNES, C. (2011). *Estimular las inteligencias múltiples.* Madri: Narcea.

ASOCIACIÓN ESPAÑOLA DE CATEQUETAS (AE CA) (2009). *Hacia un nuevo paradigm de la iniciación cristiana hoy.* Madri: PPC.

ÁVILA BLANCO, A. (2013). "Inteligencia emocional y pastoral". *Misión Joven*, p. 442.

BERGER, K. (2001). ¿Qué es la espiritualidad bíblica? – Fuentes de la mística cristiana. Santander: Sal Terrae.

BIEMMI, E. (2013). *El segundo anuncio – La gracia de volver a empezar.* Santander: Sal Terrae.

BUZAN, T. (2003). *El poder de la Inteligencia Espiritual* – 10 formas de despertar tu genio espiritual. Madri: Urano.

CAPDEVILA, E. (1997). *Revista del Secretariado Interdiocesano de catequesis de Cataluña y las Islas Baleares*, p. 138-148 [Vários artigos].

CARDENAL, E. (1979). *La vida en el amor.* Salamanca: Sígueme.

CASTRO CAVERO, J.M. (2012). *Aproximación a la inteligencia espiritual.* Gran Canaria: Instituto Superior de Teología de las Islas Canarias.

CENTRO NACIONAL DE PASTORAL LITÚRGICA (2010). *El arte de celebrar*. Madri: CCS.

CHORDI MIRANDA, A. (2006). "Los jóvenes nos hacen mover ficha. ¿Cómo impulsar la pastoral con jóvenes hoy?". *Misión joven*, p. 354-355.

COLLINS, F. (2007). *¿Cómo habla Dios?* – La evidencia científica de la fe. Madri: Temas de Hoy.

COMTE-SPONVILLE, A. (2004). *El alma del ateísmo* – Introducción a una espiritualidad sin Dios. Barcelona: Paidós.

CORRAL, M.G. (2013). "El sistema educativo español es un fracaso por no incluir las emociones". *El Mundo*, 19 de setembro.

CYRULNIK, B. (2006). *Los patitos feos. La resiliencia*: una infancia infeliz no determina la vida. Barcelona: Gedisa.

DEL VALLE CARABALLO, C. (2012). "Hasta que vuelva… (1Cor 11,26). Belleza y liturgia". *Sal Terrae*, 100.

DEPARTAMENTO PEDAGÓGICO PASTORAL DE ESCUELAS CATÓLICAS (2009). "Reflexiones en torno a la competencia espiritual". *Religión y Escuela*, p. 227.

DERROITTE, H. (dir.) (2008). *15 nuevos caminos para la catequesis hoy*. Santander: Sal Terrae.

DERROITTE, H. & PALMYRE, D. (orgs.) (2010). *Los nuevos catequistas*. Madri: CCS.

DÍEZ CUESTA, M. (2004). *Hacia un humanismo cristiano* 3. México: Progreso.

DUPLEIX, A. (2010). "Para una formación espiritual". In: DERROITTE, H. & PALMYRE, D. (orgs.). *Los nuevos catequistas*. Madri: CCS.

DYER, W.W. (2011). *El cambio*. Barcelona: Debolsillo Clave.

EINSTEIN, A. (2009). *Mis ideas y opiniones*. Barcelona: Prisa Innova.

EQUIPO EUROPEO DE CATEQUESIS (2011). *La dimensión narrativa de la catequesis*. Madri: PPC.

ELIADE, M. (1998). *Lo sagrado y lo profano*. Barcelona: Paidós.

ESCUELAS CATÓLICAS DE MADRID (2008). *Reflexiones en torno a la competencia espiritual*. Madri: FERE.

ESPADA, A. (2013): "No soy ateo porque existe la música de Bach". *El mundo*, 25 de novembro.

ESPINA PERUYERO, G. (1998). *¿Cómo hacer de la Biblia el libro de la catequesis?* Madri: Ediciones San Pío X.

FIGUEROA ÍÑIGUEZ, M.J. (2012a). *La formación espiritual y religiosa durante los primeros años*. Madri: PPC.

_____ (2012b). "Desarrollar las inteligencias múltiples en clase de Religión (y segunda parte)". *Religión y Escuela*, p. 225.

FOSSION, A. (2010). "La competencia catequética – Perspectivas para la formación". In: DERROITTE, H. & PALMYRE, D. (orgs.). *Los nuevos catequistas*. Madri: CCS.

FRANKL, V. (2004). *El hombre en busca de sentido*. Barcelona: Herder.

_____ (1995). *La presencia ignorada de Dios*. Barcelona: Herder.

_____ (1990). *El hombre doliente*. Barcelona: Herder.

FULLAT GENÍS, O. (1992). "La educación y sus saberes". *Educación*, p. 2.

GAMARRA MAYOR, S. (1999). "Espiritualidad cristiana". In: PEDROSA, V.M. et al. *Nuevo Diccionario de Catequética I*.

GARCÍA MAESTRO, J.P. (2012). *Hablar de la "salvación" en la catequesis de hoy*. Madri: PPC.

GARDNER, H. (2010): *Inteligencias múltiples*. Barcelona: Paidós Ibérica.

_____ (2003). *La inteligencia reformulada*. Barcelona: Paidós.

GINEL, A. (1993). *Pastoral de hoy para mañana*. Madri: CCS.

GOLEMAN D. (2012). *Inteligencia emocional*. Barcelona: Kairós.

GÓMEZ VILLALBA, I. (2014). *Educar la inteligencia espiritual* – Recursos para la clase de Religión. Madri: Khaf.

GROMM, B. & GUERRERO, J.R. (1979). *El anuncio del Dios cristiano, Análisis y consecuencias para la educación de la fe*. Salamanca: Secretariado trinitario.

GUITERAS VILANOVA, J. (1984). *Fets i paraules, Manual per a la formació dels catequistes*. Barcelona: Publicacions Abadia de Montserrat.

GUITTON, J. (2004). *Lo que yo creo*. Barcelona: Belacqua.

HART, T. (2013). *El mundo espiritual secreto de los niños*. Barcelona: Ediciones La Llave.

HILLESUM, E. (2007). *Diario de Etty Hillesum* – Una vida conmocionada. Barcelona: Anthropos.

JULIÀ, J. & PLANTÉS, E. (1989). *Iniciació dels infants a la litúrgia*. Girona: Secretariat Diocesà de Catequesi de Girona.

KANDINSKY, W. (1989). *De lo espiritual en el arte*. México: Premia.

KEMBE EJIBA, D. (2008). "La importancia de los relatos en la catequesis". In: DERROITTE, H. (org.). *15 nuevos caminos para la catequesis hoy*. Santander: Sal Terrae.

KIERKEGAARD, S. (2006): *El instante*. Madri: Trotta.

(2000). *Sobre el concepto de la ironía*. Madri: Trotta.

LAUNER, V. (2007). *Coaching, un camino hacia nuestros éxitos*. Barcelona: Pirámide.

MALDONADO, L. (1999). *El sentido litúrgico* – Nuevos paradigmas. Madri: PPC.

MARDONES, J.M. (2011). *Matar a nuestros dioses*. Madri: PPC.

MARINA, J.A. (2002). "¿Y yo de quién me fío?" *El Semanal*, 26 de abril.

MARTÍN VELASCO, J. (2002). *La transmisión de la fe en la sociedad contemporánea*. Santander: Sal Terrae.

_____ (2001). *Testigos de la experiencia de la fe*. Madri: Narcea.

MARTÍNEZ, D. et al. (2005). *Proponer la fe hoy*. Santander: Sal Terrae.

MARTÍNEZ LOZANO, E. (2009). *El gozo de ser persona* – Plenitud humana transparencia de Dios. Madri: Narcea.

MOLARI, C. (1972). *La fede e il suo linguaggio*. Assis: Cittadella.

MONTERO VIVES, J. (1974). *Cómo anunciar el mensaje del Señor, hoy*. Granada: Publicaciones CEPPAM.

MORELL, I. (2013). "La responsabilité d'accompagnement". *Lumen Vitae*, vol. LXVIII, p. 3.

NATAL ÁLVAREZ, D. (2013). "Los valores humanos de la religión como propuesta actual de humanidad". *Revista de Espiritualidad*, p. 288.

NIETO FERNÁNDEZ, F. (2009). "Globalizar el amor". *Eclesalia*, 28 de dezembro: http://eclesalia.wordpress.com/2009/12/28 (consultado 10/04/2015).

PAGOLA, J.A. (1997). "La familia 'escuela de fe' – Condiciones básicas". *Sal Terrae*, p. 85.

PEDROSA, V.Mª et al. (1999). Nuevo Diccionario de Catequética. Madri: San Pablo [Texto de F. TORRALBA & J. CASTANYÉ, "Trinidad"].

PELLICER, C. "Existeix una competència espiritual?" http://www.elvedat.escola teresiana.com/docs/3.%20Inteligencia%20espiritual.pdf (consultado 05/05/2015).

PUNSET, E. (2011). *Por qué somos como somos*. Madri: Punto de lectura.

RAHNER, K. (1967): "Espiritualidad antigua y actual". In: *Escritos de Teología*, volume VII. Madri: Taurus.

RICOEUR, P. (2008). *Hermenéutica y acción. De la hermenéutica del texto a la hermenéutica de la acción*. Madri: Prometeo libros.

RODARI, G. (2007). *Gramáticas de la fantasía*. Barcelona: Del bronce.

RODRÍGUEZ, M. (2011). "La espiritualidad es la dimensión más esencial del ser humano". *Más allá*, p. 84.

SÁNCHEZ RAMOS, L. (2012). "Competencia espiritual y educación. Entre todos: interpretación sinfónica". *Padres y maestros*, p. 348.

SASTRE GARCÍA, J. (1993). *El acompañamiento espiritual*. Madri: San Pablo.

SASTRE, J. et. al. (2010). *La fe perpleja. ¿Qué creer? ¿Qué decir?* Valencia: Tirant lo Blanch.

SCHELER, M. (2000). *El puesto del hombre en el cosmos*. Barcelona, Alba.

STEIN, E. (2003). *Obras selectas* IV. Burgos: Monte Carmelo.

_____ (1998). *Obras selectas*. Burgos: Monte Carmelo.

TIERNO, B. (2011). *Espiritual mente*. Madri: Planeta.

TORRALBA, F. (2013). *Los maestros de la sospecha, Marx, Nietzsche, Freud*. Barcelona: Fragmenta Editorial.

_____ (2012a). *Inteligencia espiritual en los niños*. Barcelona: Plataforma Actual.

_____ (2012b). *Inteligencia espiritual*. Barcelona: Plataforma Actual.

_____ (2012c). *Jesucristo 2.0*. Madri: PPC.

TORRES QUEIRUGA, A. (1991): "Mas allá de la oración de petición". *Iglesia viva*, p. 152.

_____ (1986). *Creo en Dios Padre – El Dios de Jesús como afirmación plena del hombre*. Santander: Sal Terrae.

VALLEJO VICIANA, V. (2012). "Coaching: una oportunidad para el Desarrollo de la competencia espiritual". *Padres y maestros*, p. 348.

VÁZQUEZ BORAU, J.L. (2013): "La inteligencia no es el cerebro". *Imágenes de la fe*, p. 471.

_____ (2010). *La inteligencia espiritual o el sentido de lo sagrado*. Bilbao: Desclée De Brouwer.

VON BALTHASAR, H.U. (1965). "El evangelio como criterio y norma en toda espiritualidad en la Iglesia". *Concilium*, p. 9.

ZOHAR, D. & MARSHALL, I. (2001). *Inteligencia espiritual*. Barcelona: Plaza & Janes Editores.

Videos na Internet

Vídeo sobre a diferença entre as inteligências emocional e espiritual
http://www.gabitogrupos.com/elrefugioazul/template.php?nm=1340090751

Inteligencia espiritual, REDES
https://www.youtube.com/watch?v=jVOVg37UQFE

Monserrat del Pozo, Sor Innovación, Agoratalentia2011
https://www.youtube.com/watch?v=gKnwxWSSV0Q

La aventura del saber, Carmen Pellicer
http://www.rtve.es/alacarta/videos/la-aventura-del-saber/aventuradel-saber-sociedad-27-01-09/392946/

Sor Montserrat del Pozo, Sesión familias
https://www.youtube.com/watch?v=Qx5rhHyXMK0

Francesc Torralba, Inteligência espiritual para nossa cultura
https://www.youtube.com/watch?v=vJOTBQUiQeo

Inteligencia emocional, Daniel Goleman
https://www.youtube.com/watch?v=3FStGPjjw7I

O mundo quer uma boa educação, relatos da ONU
http://www.myworld2015.org/?lang=es&page=results

Escritos de Carmen Pellicer
http://carmenpellicer.trilemaeducacion.org/category/educacion-emocional
http://carmen-pellicer.trilemaeducacion.org/category/despertar-religioso

CULTURAL
- Administração
- Antropologia
- Biografias
- Comunicação
- Dinâmicas e Jogos
- Ecologia e Meio Ambiente
- Educação e Pedagogia
- Filosofia
- História
- Letras e Literatura
- Obras de referência
- Política
- Psicologia
- Saúde e Nutrição
- Serviço Social e Trabalho
- Sociologia

CATEQUÉTICO PASTORAL
Catequese
- Geral
- Crisma
- Primeira Eucaristia

Pastoral
- Geral
- Sacramental
- Familiar
- Social
- Ensino Religioso Escolar

TEOLÓGICO ESPIRITUAL
- Biografias
- Devocionários
- Espiritualidade e Mística
- Espiritualidade Mariana
- Franciscanismo
- Autoconhecimento
- Liturgia
- Obras de referência
- Sagrada Escritura e Livros Apócrifos

Teologia
- Bíblica
- Histórica
- Prática
- Sistemática

REVISTAS
- Concilium
- Estudos Bíblicos
- Grande Sinal
- REB (Revista Eclesiástica Brasileira)

VOZES NOBILIS
Uma linha editorial especial, com importantes autores, alto valor agregado e qualidade superior.

VOZES DE BOLSO
Obras clássicas de Ciências Humanas em formato de bolso.

PRODUTOS SAZONAIS
- Folhinha do Sagrado Coração de Jesus
- Calendário de mesa do Sagrado Coração de Jesus
- Agenda do Sagrado Coração de Jesus
- Almanaque Santo Antônio
- Agendinha
- Diário Vozes
- Meditações para o dia a dia
- Encontro diário com Deus
- Guia Litúrgico

CADASTRE-SE
www.vozes.com.br

EDITORA VOZES LTDA.
Rua Frei Luís, 100 – Centro – Cep 25689-900 – Petrópolis, RJ
Tel.: (24) 2233-9000 – Fax: (24) 2231-4676 – E-mail: vendas@vozes.com.br

UNIDADES NO BRASIL: Belo Horizonte, MG – Brasília, DF – Campinas, SP – Cuiabá, MT
Curitiba, PR – Fortaleza, CE – Goiânia, GO – Juiz de Fora, MG
Manaus, AM – Petrópolis, RJ – Porto Alegre, RS – Recife, PE – Rio de Janeiro, RJ
Salvador, BA – São Paulo, SP